기업 이미지를
팔아라

CAUSE MARKETING

기업 이미지를 팔아라

기업 가치를 배가시키는 공익마케팅 비법

CAUSE
MARKETING

위기마케팅 Crisis Marketing의 저자, 조 마코니 지음 · 김세중 옮김

디리미디어

기업 이미지를 팔아라

초판 1쇄 찍은날 · 2003년 1월 10일
초판 1쇄 펴낸날 · 2003년 1월 15일

지은이 | 조 마코니
옮긴이 | 김세중
펴낸이 | 이희숙
편집장 | 이향선
편 집 | 이해인
마케팅 | 강희제
　　　　박정상
총 무 | 김정숙

펴낸곳 다리미디어
　　　　서울시 마포구 망원동 386-16 삼미빌딩 401호
　　　　전화 336-2566(대표) 팩스 336-2567
　　　　http : //www.darimedia.com
　　　　E-mail : darimedia@hitel.net
등 록 1998년 10월 1일(제10-1646호)

ⓒ 조 마코니, 2003

ISBN 89-88556-73-9　03320

기업 마케팅 전문가와 경영자를 위한
최초의 공익마케팅 실천사례집

기업의 철학과 활동이 그 어느 때보다 철저한 사회적 감시의 대상이 되고 있는 시점에서 공익마케팅을 주제로 한 이 책이 나오게 되었다. 공익마케팅은 현재의 우리 사회에서 기업의 역할, 자원의 분배 방식과 그에 따른 혜택, 많은 사람에게 혜택을 주면서 사업 활동을 영위하는 가장 좋은 방법에 대한 건전하고 풍부한 논의를 이끌어냈다.

기업이 지역 사회와 세계 경제의 발전에 어떤 식으로 기여할 수 있는가를 둘러싸고 다양한 견해가 있지만, 단순한 자선 행위 차원을 넘어 모든 비즈니스 활동을 통해 이 세상을 더 살기 좋은 곳으로 만들어야 한다는 인식이 커지고 있다.

그러나 오늘날의 경영자들이 팔을 걷고 기업의 사회적 책임을 다하기 위한 행동에 나서려고 해도 많은 문제가 앞을 가로막는다. 다른 모든 비즈니스 활동이 그렇듯이, 공익 사업을 추진할 때도 필요한 모든 정보를 수집하고 목적을 구체적으로 명확하게 정하고 평가 도구를 마련하고 효과적인 운영 시스템을 구축하고 진행 과정을 점검해야 한다. 또한 기업의 사회적 책임을 다하기 위한 사업을 벌일 때는 모든 이해관계자를 참여시키고 투명성을 확보해야 한다.

사회적 책임과 기업의 발전이 밀접한 관계가 있다는 사실이 분명하게 드러나면서, 모든 이해관계자가 신뢰와 지지를 보내는 기업 문화를 만드는 것이 기업의 성장과 발전을 이루는 가장 효과적인 방법이라고 생각하는 비즈니스 리더가 점차 늘어나고 있다. 비즈니스와 관련된 의사 결정이 가져올 사회적, 윤리적, 환경적 영향에 대한 철저한 검토가 반드시 필요하다. 또한 자본 확보와 투자 방식, 제품과 서비스 개발, 사업장 위치 선정과 건설 방법, 직원 채용 및 대우, 세계 시장의 일원으로서 취해야 할 바람직한 행동 방식 등을 진지하게 검토해야 한다.

지역 사회의 자선단체에 기부금이나 물품을 제공하고 직원들이 나서서 자원 봉사 활동을 할 때와 마찬가지로, 이 모든 의사 결정이 지역 사회에 큰 영향을 미치며 그에 따라 지역 사회에 호의적인 인식을 심어줄 수도 있고 그렇지 못할 수도 있다.

모든 비즈니스 활동에 기회가 있다는 인식이 확산되면서, 마케팅 예산 가운데 비영리단체 지원금의 비중이 크게 늘어났다. 이 자금을 투자하여 기업과 지역 사회 모두 혜택을 보는 활동이 바로 '공익마케팅(cause marketing)'이다.

치밀하게 계획하고 추진하면, 공익마케팅을 통해 매출 증가, 시장점유율 확대, 브랜드 이미지 강화, 충성도 증대 등의 큰 효과를 얻을 수 있다. 동시에 지역 사회의 많은 사람이 실질적인 혜택을 본다.

그러나 공익마케팅을 제대로 하지 못하면, 지역 사회와 기업 모두 피해를 보기도 한다. 비영리단체는 당초의 목적에서 벗어나 기업의 입장에 맞춘 사업만 한다는 비난을 받기도 한다. 기업 역시 지역 사회에 실질적인 혜택을 주지 못하고, 매출 증대나 브랜드 이미지 제고(提高)에도 전혀 도움이 되지 못하며, 심지어는 논쟁에 휩싸여 곤란에 빠질 수도 있다.

공익마케팅이 성공하려면 모든 이해관계자의 입장에서 생각해야 하며, 기업과 비영리단체의 파트너십은 정직과 상호 존중을 바탕으로 해야 한다. 명확하고 시의 적절하며 정확한 정보를 모든 사람이 공유해야 하며, 문제가 될 수 있는 부분을 사전에 방지하거나 문제 상황이 발생했을 때 효과적으로 대처할 수 있는 장치를 구비해야 한다.

공익마케팅 프로그램을 추진한다고 하여 그 회사가 건전한 시민의식을 지녔다고 생각할 수 없다. 많은 문제가 있는 기업이 미덕의 망토로 포장할 생각에서 공익마케팅을 추진한다면, 사람들의 인식을 바꾸기보다는 오히려 비난만 사게 될 것이다.

하지만 치밀한 전략을 세우고 공익마케팅 프로그램을 계획하여 성실하게 추진하면, 기업의 목표 달성에 큰 도움이 되며 지역 사회에도 혜택을 줄 수 있다.

이 책은 모든 기업을 위한 실질적이고 실용적인 공익마케팅 방법을 설명하고 있다. 이 책의 출간을 기쁘게 생각하며 모든 독자가 저자의 조언을 가슴 깊이 새기고 행동에 나서기를 바란다.

BSR(Business for Social Responsibility) CEO

로버트 H. 던

기업과 지역 사회가
골고루 혜택을 보는 마케팅

오늘날의 비즈니스 세계에서 일반 대중의 급변하는 취향과 분위기에 가장 민감한 영역이 바로 마케팅이다. 포장, 포지셔닝, 가격 결정, 홍보, 유통, 판매 등 모든 마케팅 활동을 통해 비즈니스 목표를 달성하면서, 동시에 소비자의 취향과 욕구를 반영하며 만족시켜야 한다. 다양한 마케팅 방법을 설명하기 위해 계속 새로운 단어들(이미지, 브랜드, 쇼크, 위기, 명성, 미래)을 도입했던 이전의 책 제목만 훑어보아도 알 수 있듯이, 마케팅 프로세스는 더욱 전문화되고 있다.

공익마케팅은 특별한 사회적 문제에 적극적인 관심이 있으며 때로는 감정적으로 동조하고 실질적인 도움이 되고 싶은 생각이 있는 특정 목표 시장과 확고하고 지속적인 관계를 구축하는 강력한 도구로 등장했다.

인류학자 마가렛 미드는 이렇게 말했다. "의식과 열정이 있는 시민 그룹이 이 세계를 변화시킬 수 있다는 것은 의심의 여지가 없다. 지금 이 순간에도 그렇다."

지난 50년 동안 공익마케팅은 인지도 재고 방법으로서 때로는 논쟁의 대상이 되기도 했지만 큰 효과를 지닌 마케팅 전략으로 발전했다. 공익마케팅은 일반 대중의 인식, 이미지, 명성을 바꾸고 개선했으며, 혼란한 경쟁 시장에서 수많은 브랜드와 기업을 차별화 시켰다.

유나이티드 웨이(United Way), 유니세프(UNICEF), 미국 올림픽 대표팀 등 활동 영역이 넓고 파급 효과도 크며 보편적인 글로벌 단체에서부터 문맹 퇴치, 장학금 지원, 연구, 건강, 환경, 예술 등 지역 차원의 공익 사업 지원에 이르기까지, 공익마케팅 활동의 추진이나 참여에 따른 혜택을 기업과 언론 매체, 일반 대중 모두 인식하기 시작했다.

이 책은 공익마케팅의 의미와 효과뿐만 아니라 문제점까지 다룬 마케팅 전문가와 경영자를 위한 최초의 공익마케팅 해설서이다. 이 책은 기업의 사회적 책임을 바탕으로 하고는 있지만, 기업의 사회적 책임만을 강조하여 설명하지는 않는다. 또한 30년에 걸친 연구와 마케팅 실무 경험을 토대로 기업의 사회적 책임에 대한 나의 생각과 의견, 주장이 반영되어 있으며, 특정 단체의 주장만을 다루고 있지 않다.

다른 어떤 비즈니스 분야보다도, 공익마케팅은 경영자는 물론이고 근로자나 연구 분석가에 이르는 모든 사람이 실질적으로 참여해야 성공할 수 있다. 또한 성공적인 마케팅 사례를 통해 이미 검증된 원칙을 바탕으로 공익마케팅 전략을 수립할 필요가 있다.

공익마케팅 사례는 이 책에서 중요한 부분을 차지한다. 아주 상세하게 설명한 사례도 있고 간단히 언급하고 넘어간 것도 있다. 하지만, 규모와 활용 가능한 자원이 각기 다른 다양한 업종의 기업들이 어떻게 공익마케팅을 추진했는지 보여 주고, 성공과 실패의 경험도 살펴볼 수 있도록 하기 위해 가능하면 다양한 사례를 포함시켰다.

미국은 물론이고 세계적으로 환경, 윤리, 사회 봉사, 자연 보호, 사회 문제 등에 대한 관심이 커가고 있다. 정치적 성향과 이익단체의 입장에 따라 다양한 해석의 여지가 있기는 하지만, 마케터와 기업에게는 새로운 도전의 기회라 할 수 있다.

이제 단순한 광고와 홍보 차원을 벗어나 사회적 책임을 다한다는 자세로 전체적인 마케팅 계획을 신중하게 수립하고 추진해야 한다. 그러면 "좋은 일을 함으로써 발전한다"는 말처럼, 새로운 도약의 발판을 마련하고 기업과 제품 브랜드의 이미지와 명성을 높이게 될 것이다.

조 마코니

Cause Marketing

■ 차례

Cause
Marketing

| 제1장 |

공익마케팅의 이해

좋은 일을 함으로써 더불어 발전한다

"받는 것보다 주는 것이 더 좋다." 성경의 한 구절인 이 말은 현대의 삶과 비즈니스를 위한 하나의 전략을 대표하는 표현이다. 자선의 미덕을 보여 주는 이 간단한 구절은 오늘의 삶을 살아가는 우리에게 많은 의미를 전달한다. 이 말을 가장 기본적인 호의와 관용의 의미로 이해하는 사람도 있다. 한편으로는 개인과 기업이 이 세계와 다른 사람을 위해 도움이 되는 일을 해야 할 의무를 지닌다는 사회적 책임(social responsibility)의 의미로 해석하는 사람도 있다.

'기부(giving)'가 홍보 활동과 장기적인 투자의 관점에서 치밀하게 계산된 마케팅 프로그램의 일부로 활용될 수 있는 강력한 도구임을 깨닫는 개인, 기업, 단체가 늘어나고 있다.

모든 사람이 자선 행위와 사회적 책임은 고귀한 행위이며 미덕이라고 생각하지만, 기업 홍보만을 목적으로 하는 기부는 아무래도 순수하지 못하거나 심지어 기만적인 전략이라는 냄새를 풍기게 마련이다.

그러나 정보를 통제하면서 일부 사실은 강조하고 다른 일부는 축소시켜 여론에 영향을 주는 '스핀 컨트롤(spin control)'이 횡행하는 요즘 세상에는 더 이상 흑백 논리를 적용할 수 없다. 모든 것이 다양한 해석의 여지를 남기고 있기 때문이다. 이제 동기에 의문을 제기하고, 옳은 일을 하는 것도 다시 뒤집어 보는 세상이 되었다. 다른 사람의 눈으로 보면 단순한 것도 복잡하게 된다.

1970년대는 미국을 비롯해 많은 나라가 사회적으로 큰 변화를 겪은 격변의 시대였다. 1980년대에는 "탐욕이 좋은 것이다"라고 가르치면서 전통적인 가치를 부정했다. 1990년대에 이르러 기업들은 기업의 이미지와 기업에 대한 일반인의 인식이 중요하다는 사실을 깨닫기 시작했다. '건전한 시민의식을 지닌 기업(good corporate citizenship)'은 지역 사회의 인정을 의미하는 '입소문'과 고객 충성도라는 보상을 얻는다. '좋은 일을 함으로써 발전하기(to do well by doing good)'라는 문구는 수단과 목적을 모두 의미하는 일종의 주문(呪文)이 되었다. 그리고 이 대열에 동참하는 기업이 점차 늘어나고 있다.

BSR과 공익마케팅

1992년에 설립된 BSR(Business for Social Responsibility)은 환경, 지역 사회, 사람, 윤리적 가치의 존중을 통해 사업적 성공을 이루고 더욱 발전하려는 기업들로 구성된 단체이다. BSR은 사회적 책임을 바탕으로 한 비즈니스 정책과 실천을 통해 투자자, 고객, 직원, 지역 사회, 기타 모든 이해관계자를 위한 가치를 창출하고자 한다.

1992년에 약 50여 회원사로 시작한 BSR은 현재 세계 각지의 1,400여 회원사가 참여하는 거대 단체로 발전했다.

BSR은 회원사들이 기업의 사회적 책임을 다할 수 있도록 지원한다. 이것은 단순히 법규의 준수나 기회의 균등 또는 지역 사회 재투자 문제를 의미하는 것이 아니다. 회사 공식 문서나 보도자료에 법규의 준수를 특별히 언급하며 대단한 일을 하고 있는 것처럼 보이려는 기업도 있지만, 그 정도는 법의 테두리 안에서 사업을 영위하는 기업으로서 당연히 해야 하는 것이다. 또한 기업의 모든 구성원과 확고한 유대 관계를 형성하기 위해서는 더 가치 있는 일을 보다 적극적으로 추진해야 한다.

공익마케팅은 기업, 비영리단체, 기타 단체가 상호 이익을 위해 이미지, 제품, 서비스, 메시지를 마케팅하는 활동을 의미한다.

더 많은 사람이 혜택을 보면 더욱 좋다. BSR이 '새로운 마케팅의 지평(the new marketing landscape)'이라고 표현했듯이, "공익마케팅 프로그램은 규모와 구성, 함께 추진하는 비영리 파트너의 유형, 추진 단체와 마케팅 파트너 사이의 관계 특성 면에서 다양하게 진행될 수 있다. 특정 시기 동안 고객이 구매한 금액 가운데 일정액을 특정 공익단체에 기부하는 방식이 일반적인 공익마케팅이다.

그러나 모든 공익마케팅 프로그램이 비영리단체에 금전적 지원만 하는 것은 아니며, 교육이나 의식 재고 활동에 주력하는 경우도 있다. 또한 마케팅 차원을 넘어 자원 봉사나 자선 사업 등 다양한 지역 사회 참여 활동을 추진하는 기업도 있다."

북미 지역 기업들은 1999년 한 해 동안 공익마케팅 관련 활동에 6억 3천만 달러를 지출했는데, 1990년에 비해 거의 500퍼센트나 증가한 수치였다. 공익마케팅 관련 지출은 대폭적인 증가 추세에 있다.

'공익마케팅'을 검색어로 인터넷 검색을 하면 엄청나게 많은 검색 결과가 나오는데, 이는 공익마케팅 활동과 그에 대한 관심이 얼마나 광범위하게 퍼져 있는지를 보여주는 단적인 예이다.

1999년에 《공익마케팅 기법 The Art of Cause Marketing》을 출간한 리처드 얼에 따르면, "미국인 열 명 가운데 여섯 명은 자신이 지지하는 공익 사업을 후원하는 기업의 물건을 우선적으로 구매한다고 말했다." 기업, 협회, 비정부기구가 실시한 또 다른 조사 결과는 공익마케팅이 브랜드 이미지 강화뿐만 아니라 매출 증대와 시장 점유율 증가에도 기여한다는 주장을 뒷받침한다.

BSR은 컨설팅 회사인 콘(Cone Inc.)의 의뢰로 로퍼(Roper Organization)가 실시한 5년 간의 공익마케팅 동향 분석 결과를 인용하며, "미국 소비자와 근로자는 공익 관련 활동을 계속 지지한다"고 보고했다. 이 외에도 "공익 활동에 따른 기업의 브랜드, 명성, 이미지, 매출 제고 효과를 계량화할 수 있다." 미국 소비자 가운데 3분의 2는 사회 문제에 관심을 갖고 좋은 일을 하는 기업을 더 신뢰한다고 대답했다. 또한 공익마케팅이 기업 활동의 일부가 되어야 한다고 응답한 비율도 거의 같은 수준이었다.

공익마케팅 프로그램을 운영하는 기업의 직원 열 명 가운데 아홉 명은 자기 회사에 대해 자부심을 느낀다고 대답했다. 또한 전체 근로자의 반 이상이 경영자가 공익 활동을 더 많이 지원해야 한다고 응답했는데, 직원 채용 비용이 증가하고 우수 인재 확보를 위해 직원 복지 혜택의 중요성이 더욱 커지고 있는 상황을 감안하면 큰 의미가 있는 조사 결과라 할 수 있다.

리서치 인터내셔널(Research International (UK), Ltd.)이 실시한 〈1996년 지역 사회의 기업 : 질적 소비자 조사〉 결과를 요약하면 다음과 같다.

- 전체 소비자의 86퍼센트는 공익 활동 관련 제품을 우선적으로 구매하려 한다.
- 전체 소비자의 86퍼센트는 이 세상을 더 나은 곳으로 만들기 위해 노력한다고 생각되는 기업에 대해 보다 긍정적인 이미지를 갖고 있다.
- 전체 소비자의 64퍼센트는 공익마케팅이 기업 활동의 일부가 되어야 한다고 응답했다.

또한 리서치 인터내셔널이 다시 실시한 〈1998년 지역 사회의 기업 : 질적 기업 조사〉를 보면, 조사 대상 450여 기업의 경영진 모두 공익마케팅 활동을 적극적으로 지원하겠다고 응답했다.

● 최고경영자, 마케팅 책임자, 지역 사회 업무 책임자의 70 퍼센트 이상은 앞으로 공익마케팅의 중요성이 더욱 커질 것으로 보았다.
● 75퍼센트는 공익마케팅이 기업 또는 브랜드 이미지 개선에 도움이 된다고 응답했다.
● 마케팅 책임자의 81퍼센트는 기업이 현재의 사회 문제에 관심을 갖고 참여해야 한다고 대답했다.
● 마케팅 책임자의 58퍼센트는 공익마케팅 전략이 기업의 비즈니스 목표와 사회적 책임을 동시에 달성할 수 있는 기회를 제공한다는 점에 동의했다.

리서치 인터내셔널의 조사 보고서에 요약된 통계 수치는 공익마케팅을 추구해야 할 이유를 잘 보여 주며, 소수의 성공한 기업만이 고개를 숙여 '뜻 있는 공익 활동'을 위해 모금 활동을 벌이곤 했던 과거와 달리, 공익마케팅이 얼마나 널리 확산되어 있는지를 증명한다. 과거에 '뜻 있는 공익 활동'은 마치오브다임 (March of Dimes), 사회복지공동모금(Community Chest), 이스터실(Easter Seal) 같은 지역 또는 전국 차원의 모금 활동을 의미했다. 가게 주인은 고객을 대상으로 모금 활동을 벌이고, 그렇게 모인 돈을 자선단체에 전달했다.

그러나 인구가 증가하면서 공익 활동의 종류와 수도 늘어났으며, 사람들은 관심 분야를 좁혀 집중하는 경향을 보이기 시작했고, 모든 분야에 사회의 관심이 미치기 시작했다. 오늘날의 시장에서는 어떤 종류이건 공익마케팅을 하지 않는 기업이나 단체가 오히려 이상하게 보일 정도가 되었다.

그러나 공익마케팅이 사회 문제에 관심을 갖는 것이기는 하지만, 뜻 있는 일을 위한 자선 활동이나 모금 행사 정도가 공익마케팅의 전부라고 할 수는 없다. 열대 우림이나 야생 동물 보호, 역사적 유적지 보존을 위해 설립된 단체에 수익금 일부를 지원하고 그 성과를 홍보하여 이미지 제고에 성공한 기업이 생겨나면서, 다른 많은 영리 기업도 영향을 받아 그와 같은 활동에 참여하고 혜택을 보게 되었다.

사회 문제 해결이나 공익 활동을 목표로 하는 단체와의 관계 형성이나 공익 활동 추진을 검토하고 있는 기업은 다음과 같은 다양한 전략과 방향을 생각해볼 수 있다.

● 전략적 자선 활동(Strategic philanthropy)
● 스폰서십(Sponsorship)
● 사회적 투자(Social investment)
● 가치 파트너십(Value partnership)

이것들은 모두 실질적인 혜택을 볼 수 있는 방법이다. 그러나 성공적인 공익마케팅은 단순히 돈을 내놓고 일시적으로 지역 사회의 사랑을 받는 기업이 되는 것 이상을 의미한다. 경우에 따라서는 그런 행동이 역풍을 일으켜 회사에 부정적인 영향을 주거나, 일반 대중의 지지를 '매수'하려 한다는 의미로 받아들여져 기업 이미지를 더욱 악화시킬 수도 있기 때문이다.

공익마케팅의 의미를 규정하는 가장 대표적인 표현인 '좋은 일을 함으로써 발전하기'는 기업이 '실제로' 좋은 일을 해야 한다는 의미이다. 일회성 캠페인이나 행사를 통한 일시적인 기업 이미지 제고가 공익마케팅의 전부가 아니라는 말이다. 따라서 치밀한 조사를 통해 특성, 정책, 절차, 방법 등이 기업의 신뢰성을 높이는 데 도움이 되는지 여부를 살펴보아야 한다.

예를 들어 이유가 무엇이건 일하기 좋은 곳이 아니라는 소문 때문에 이직률이 높은 기업은 좋은 공익 활동과 연계하여 어려운 처지의 사람을 돕는 일에 적극적이라는 인식을 확산시켜야 한다. 한편 환경 오염 물질 배출로 악명 높은 기업은 환경 보호나 깨끗한 지역 사회를 만들기 위한 공익 활동의 파트너 업체로 선정될 가능성이 거의 없다.

그렇기에 무엇보다도 기업의 자기 분석이 필요하다. 그 결과 약점으로 생각되는 영역이 있으면, 방침을 다시 생각하고 단기·장기 목표를 재검토해야 성공을 향한 길로 방향을 잡을 수 있다.

BSR은 기업이 중요하게 생각해야 할 10개의 주제를 다음과 같이 제시했다.

1. 기업의 사회적 책임

2. 비즈니스 윤리

3. 지역 사회 투자

4. 지역 사회의 경제적 발전

5. 환경

6. 지배 구조

7. 인권

8. 시장

9. 일터

10. 미션, 비전, 가치

이 10개 항목의 의미를 하나씩 살펴보자.

기업의 사회적 책임

기업의 사회적 책임(corporate social responsibility)은 거대한 우산 같은 포괄적인 개념으로서, 이를 바탕으로 전체적인 방향을 검토하고 기업의 비즈니스 활동이 직원, 환경, 지역 사회, 소비자, 투자자, 기타 이해관계자에게 어떤 식으로 영향을 주는지 파악해야 한다.

비즈니스 리더들이 기업의 가장 소중한 자산은 사람이며, 일에 대한 열정이 있고 훈련을 잘 받았으며 합리적인 보상을 받고 일하는 직원이 없다면 기업은 경쟁에서 이기지도 못하며 생존할 수도 없다고 말하는 것은 전혀 이상하지 않다. 그에 따라 사람을 가장 중요하게 생각하는 기업은 의료 보험 혜택, 탄력적인 근무 시간, 직장 내 탁아 시설 설치, 각종 휴가 제공, 자기 계발 교육비 지원, 성과급 보너스 등 각종 복지 혜택과 최고의 업무 환경을 기꺼이 제공한다.

하지만 법규에서 정한 수준 정도의 복지 혜택을 직원에게 제공하면서, 이것이 낮은 운영비와 높은 이윤과 같은 투자 대비 고수익을 보장하며, 이는 다시 기업의 성장 및 발전과 지역 사회를 위해 더 많은 일자리를 보장한다고 주장하는 기업도 있다. 그들은 직장 내 탁아 시설과 탄력적인 근무 시간제가 아닌 이런 식의 접근법이 경영 상태가 우수한 기업의 핵심이라고 주장한다. 경영잡지나 웹사이트에서 일하기 좋은 최고의 직장으로 선정되는 것은 홍보 활동에 도움이 되는 매력적인 명예이지만, 월스트리트 분석가들이 매수 추천을 하기 위해 치밀한 분석에 들어갈 때는 거의 의미가 없다는 것이다.

일하기 좋은 최고의 직장으로 선정되는 것이 홍보 효과만 있는 것인가, 아니면 그 이상의 무엇인가가 있는 것인가? 직원에게 다양한 복지 혜택을 제공하려면 분명히 그만한 비용을 지출해야 한다. 그러나 조사 결과를 보면 직원의 사기를 높이기 위한 조치는 생산성 증가와 결근 및 이직률 감소, 수월한 신입 사원 채용, 교육 훈련 비용 감소, 안전 사고 감소 등으로 이어지면서 경영자도 혜택을 본다는 사실이 증명되었다.

톰 브라운은 〈하버드 매니지먼트 업데이트*Harvard Manage-ment Update*〉에 쓴 글에서 이렇게 물었다. "일하기 좋은 기업은 동시에 좋은 기업을 의미하는가? 건전한 시민의식을 지닌 기업이 된다는 것은 정확히 무슨 뜻인가?" 톰 브라운은 다음과 같은 질문을 제기했다.

● 기업은 기업 방침을 공평하고 공명정대하게 추구하는가?
● 기업은 직원 가족에게 우호적인가?
● 기업은 정당하게 경쟁하는가?
● 기업은 지역 사회를 위해 봉사하는가?

톰 브라운은 이렇게 적었다. "사람마다 각각에 부여하는 상대적인 중요성이 크게 다르다. 그러나 궁극적인 목적은 …… 사회적 책임을 다하기 위한 기업 활동을 구성하는 요소가 무엇인지에 대한 통일된 의견을 구하는 것이 아니라, 개개인이 그런 문제에 직접 부딪치며 참여하도록 하는 것이다."

실제로 공익마케팅 프로그램을 검토할 때 기업의 사회적 책임은 얼마나 중요할까? 올림픽 대표팀에 후원금을 내거나 지역 사회를 위해 학교 버스 구입 자금을 지원하는 식의 일회적인 선행이 충성도가 높은 고객의 증가 형태로 지역 사회의 인정을 받고 세금 공제 혜택도 누릴 수 있으면 그 정도로 충분하지 않을까? 그러나 기부가 관용의 행동이기는 하지만, 기부 그 자체는 마케팅 활동이 아니다. 기부의 목적이 뉴스 거리를 만들고 일반 대중의 관심을 끄는 것이라 해도 마찬가지다.

공익마케팅은 어떤 특별한 의미를 지닌 사회 활동, 공익 사업, 단체와 기업이 관계를 맺는 것이다. 홍보 활동이나 수익성만 추구하는 기업은 사회 활동, 공익 사업, 열정적인 비영리단체를 지지하는 사람들과 신뢰 관계를 구축하기 어렵다. 기업의 사회적 책임은 기업이 믿는 어떤 특별한 것을 추구하는 것이다.

마케터의 활동은 대부분 특정 시기의 문화를 반영하여 이루어진다. 자기 행동에 따른 책임을 피하기 위해 무슨 일이든 하는 개인과 기업이 있는 환경에서 기업이 사회적 책임을 발휘해야 한다는 주장은 일종의 도전으로 받아들여진다. 그리고 그런 주장 자체는 다양한 해석을 낳을 여지가 있다.

BSR은 기업의 사회적 책임을 윤리적 가치, 법적 기준 준수, 사람과 지역 사회, 환경의 존중을 바탕으로 한 의사 결정으로 본다.

지금까지 '사회적 책임(social responsibility)'이라는 단어는 좋은 일을 하고 때로는 그러한 행위가 인정받는 정도를 유일한 목적으로 하는 사람을 의미하는 '선행자(do-gooder)'와 동일한 의미로 받아들여졌다. 하지만 주요 미국 대학에서 실시한 조사 결과에서 나타난 바와 같이, 진정한 사회적 책임은 양적으로나 질적으로 측정될 수 있는 많은 혜택을 낳는 것으로 밝혀졌다.

● 드폴 대학교의 조사 보고서는 윤리적 원칙을 지키는 기업은 그렇지 않은 기업보다 더 우수한 실적을 기록했다고 결론지었다.

● 하버드 대학교가 실시한 조사에서는 기업의 비즈니스 활동에 관련된 모든 그룹의 이해 관계를 생각하는 기업은 주주의 이익만을 추구하는 기업에 비해 성장률은 4배, 고용 증가율은 8배에 이른 것으로 나타났다.

● 사우스웨스턴 루이지애나 대학교의 조사에서는 비윤리적 기업 활동에 따른 부정적인 여론은 최소 6개월 동안 그 기업의 주가를 하락시킨 것으로 밝혀졌다.

● 보스턴 대학 경영학 교수 두 명이 실시한 조사 결과, 〈포천 Fortune〉 지가 선정한 '가장 존경받는 기업' 가운데 직원, 고객, 지역 사회와의 관계가 원만했던 기업이 주주 이익만을 강조한 기업보다 더 많은 것으로 나타났다. 이러한 차이는 신규 직원 채용과 규제 당국과의 관계에도 큰 영향을 주었다.

● MBA 학생 2,100명을 대상으로 실시한 1997년 조사에서, 반 이상이 사회적 책임을 다하는 기업에서 일한다면 낮은 임금 수준도 감수하겠다고 밝혔다.

BSR이 정리한 자료를 전체적으로 살펴보면, '가장 일하기 좋은 곳'으로 선정된 기업은 수익뿐만 아니라 일자리 창출과 성장률 면에서도 우수했던 것으로 나타났다.

사회적 책임을 다하는 기업은 다음과 같은 혜택을 누린다.

● 수익 증대

- 운영비 감소
- 브랜드 이미지 및 명성 제고
- 매출 및 고객 충성도 증가
- 생산성 증가 및 품질 개선
- 수월한 신규 직원 채용 및 낮은 이직률
- 규제 당국의 감시 완화
- 자금 동원 능력 개선

이 중 어느 하나만을 생각해도, 사회적 책임을 회사의 경영 방침으로 채택해야 할 이유는 충분하다. 단순한 선행의 이미지를 넘어, 그와 같은 방침은 경영면에서도 많은 도움이 된다.

사회적 책임을 다하는 기업의 인정과 혜택

기업의 공익 활동 성과를 보여 주는 가시적인 지표 가운데 하나는 기업들의 활동을 평가하고 적절한 명예를 부여하는 업계 또는 기업 단체의 인정이다. 그런 단체 가운데 하나인 CRB(Center for Responsible Business)는 매년 '양심기업상(Corporate Conscience Award)'을 수여했다. 이 센터는 운영을 중단했지만, '양심기업상'은 유명한 인권단체인 SAI(Social Accountability International)의 관리하에 계속 수여되고 있다. 이 상은 "환경적 책무, 직원 권한 부여 및 다양성 보장, 커뮤니티 파트너십, 글로벌 윤리 분야에서 뚜렷한 공로를 거둔 기업"에 주어진다.

직원과 업계, 지역 사회, 경우에 따라서는 지구 전체를 위해

에이븐의 주고객은 여성이고, 유방암은 여성이 가장 심각하게 생각하는 문제이다. 그러므로 에이븐의 유방암 관련 공익 활동 추진은 논리적으로 타당하고 설득력이 있으며, 에이븐 화장품을 구매하는 여성을 위해 더 많은 것을 생각하며 실천하고 있다는 메시지를 전달한다. (사진 : 카린 고트샬크 마코니)

가치 있는 일을 하는 양심 기업임을 증명하는 직접적인 효과 이외에도, 각종 광고물, 보도 자료, 증권회사 애널리스트에게 보내는 보고서, 연례보고서, 판매 자료, 내부 서신, 회사 공식 문서 등에 환경 보호 또는 지역 사회 발전을 위해 공헌한 공로로 '양심기업상'을 받았다는 문구를 자랑스럽게 표기했을 때 얻게 될 엄청난 마케팅 효과를 생각해볼 필요가 있다.

일부 기업의 사회 참여 프로그램은 지역 사회의 문제를 더 중요하게 생각한다. 일례로 실업률이 아주 높은 지역에서는 일자리를 창출하고 경력을 쌓을 수 있는 기회를 제공하는 프로그램이 더욱 값질 것이다. 자연 자원이나 멸종 위기에 처한 동식물에 대한 관심이 아주 높은 지역에서는 환경 문제에 중점을 둔 프로그램이 효과가 크다. 따라서 마케터는 비즈니스 대상 지역, 구성원, 이해관계자의 특별하거나 독특한 관심 사항에 주목해야 한다.

SAI가 뚜렷한 공로로 상을 수여하는 또 다른 카테고리는 다음과 같다.

- 자선 기부
- 차별 철폐
- 어린이 노동 문제
- 국제 인권 문제
- 글로벌 윤리
- 국제 활동
- 교육(문맹 퇴치 운동)
- 동물의 권리 보호
- 지역 사회 활동
- 직원 복지
- 차별 없는 고용
- 가족 문제
- 장애인 권익 신장

위에 열거한 카테고리 가운데 일부는 분명히 일부 기업 경영자들이 수긍하지 못할 수도 있다. 예를 들어 동물의 권리를 주

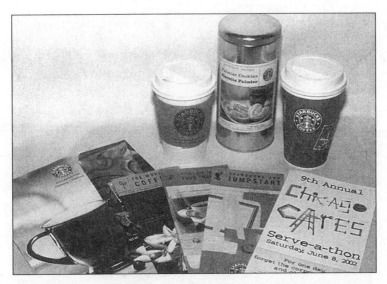

스타벅스는 핵심 소비자 그룹을 대상으로 문맹 퇴치와 교육을 특히 강조하면서 '점프스타트' 같은 다양한 공익마케팅 프로그램을 추진하고 있다. (사진 : 카린 고트샬크 마코니)

장하는 사람도 있지만, 우리 사회의 발전을 위해 시급하고 중요한 일들도 많은데 동물의 권리가 여기에 포함될 정도로 중요한 것은 아니라며 못마땅하게 생각하는 사람도 있다. 따라서 공익마케팅 프로그램은 기업과 구성원의 특징과 특성을 반영해야 한다.

1987년에 처음 시상식을 가진 이후로 '양심기업상'을 받은 기업 가운데는 미국을 비롯해 세계 시장에 널리 알려진 기업들도 있다.

● 제네랄 밀스　　　　● 스타벅스 커피

- 에이븐 프러덕트
- 브리티시 에어웨이즈
- 브리티시 페트롤리움
- 이코노매트
- 달러 제네랄 스토어즈
- 노보 노르디스크(덴마크)
- J. 세인즈베리(영국)
- 빌크한 빌케닝(독일)
- 타임 워너
- W. K. 켈로그 재단 및
  켈로그 컴퍼니
- 커뮤니티 프라이드 푸드
  스토어즈
- 사우스 쇼어 뱅크
- 리바이 스트라우스
- 화이자
- 콜게이트-팔모라이브
- 제록스
- 쇼어뱅크
- S. C. 존슨 & 손
- 아베다
- 폴드크래프트
- 푸르덴셜 보험
- 톰스 오브 메인
- 홀마크 카드
- 벤앤제리
- 스미스 & 호켄
- 토이즈러스
- 스포츠용품제조협회
- 존슨 & 존슨
- 스토니필드 팜

이들 '양심기업상' 을 받은 기업 가운데 일부는 세계적으로도 유명하지만, 특정 지역이나 업계 종사자를 제외하면 이름도 들어보지 못한 기업도 있다. 그러나 이들의 공통점은 공익마케팅 프로그램의 잠재 가치를 인식하고 충실했다는 점이다. 그에 따라 공익 활동 성과를 인정받아 상까지 받을 정도로 긍정적이고 독보적인 결과를 얻었다.

한편 일반인들이 잘 알고 있는 기업들을 살펴보면 대중적 이미지 측면에서는 공통점이 거의 없다. 정치적으로 좌편향적이어서 사회성 있는 활동에 집중하는 기업도 있고, 우편향적 기업도 있다. 또한 어느 쪽으로 쉽게 단정지을 수 없는 기업도 있다. 즉, 기업의 사회적 책임과 공익마케팅은 급진주의자나 보수주의자의 전유물이 아니며, 모든 기업과 단체가 마케팅 전략에 맞추어 적절하게 채택하고 추진할 수 있는 것이다.

비즈니스 윤리

비즈니스 윤리는 기업이 정직, 신뢰, 존중, 공정 등과 같은 핵심 가치를 기업의 방침, 업무 절차, 의사 결정에 통합시키는 방식을 규정하며, 그것을 지켜야 한다는 말은 사회적 책임을 다하는 기업이나 그렇지 않은 기업 모두 당연하게 생각할 것이다.

비윤리적이라고 인식되는 기업이 시장에서 살아남을 수 있을까? 윤리의 문제와는 전혀 관계 없는 비즈니스가 있을까? 비윤리적으로 인식되는 기업이 어떤 식으로든 공익마케팅을 벌일 수 있을까? 이 모든 질문에 대한 대답은 분명히 "아니오"이지만, 주요 기업이나 그 기업 경영자의 윤리성을 의심케 하는 기사가 매년 나오고 있다.

23개 국가 소비자를 대상으로 실시한 1999년 조사에 따르면, 조사 대상 15개 국가 소비자 가운데 3분의 1 이상이 "대기업일

수록 높은 수준의 윤리 기준을 정하고 더 나은 사회를 만들기 위해 일조 해야 한다"고 응답했다. 이 조사는 권위 있는 연구 단체 세 곳(Environics International, Prince of Wales Business Leaders Forum, The Conference Board)이 합동으로 실시한 것이다. 또한 조사 대상 소비자 가운데 40퍼센트는 윤리성이 낮은 기업을 혼내주어야 한다고 응답했다. 결국 23개 국가 전체 소비자 가운데 약 60퍼센트가 어떤 기업을 부정적으로 생각하면, 그 기업은 많은 문제점을 안고 있는 것이다.

비즈니스 윤리를 바탕으로 한 경영 방침을 수립하고 실천에 옮기는 회사는 직원과 시장, 투자자, 규제 당국, 일반 대중에게 긍정적인 이미지를 심어줄 수 있다.

리바이스 청바지로 유명한 리바이 스트라우스(Levi Strauss)는 제품과 기업 이미지 마케팅에서 비즈니스 윤리를 중요한 요소로 보고 있다. "상업적 성공을 달성한다는 주주에 대한 약속을 항상 되새긴다"고 주장하면서도, 이 회사는 정직성, 약속 준수, 공정성, 다른 사람의 존중, 동정심, 성실성 등 6개 윤리 원칙을 비즈니스의 기준으로 삼고 있다.

이 회사의 윤리 원칙에는 경쟁 행위, 이해 관계의 충돌, 기업 가치에 대한 회사의 입장도 포함되어야 한다. 어떤 입장을 정하고 시장에서 좋은 평판을 얻으려 하기 전에, 그런 평판의 토대를 형성하고 있는 것이 무엇인지 세심하게 살펴보고 그렇게 되기 위해 어떻게 해야 하는지 생각해야 한다.

지역 사회 투자

'깨끗한 고속도로 만들기' 캠페인이나 헌혈 운동 지원에서부터 지역 음악행사 후원에 이르는 다양한 활동이 지역 사회 투자에 해당된다. 각 기업은 먼저 대상 지역 사회의 규정 방법을 결정해야 한다. 지역 사회를 현재, 과거, 미래 고객으로 규정하는 기업이 있을 수도 있고, 인터넷과 위성 통신을 통해 다가갈 수 있는 지구촌 전체를 지역 사회로 정할 수도 있다.

어떤 지역으로 옮겨가거나 새로 창업했거나 시장을 전국 또는 세계 각국으로 확대하여 특정 지역 사회에 처음 얼굴을 내미는 기업이라면, 공익마케팅 파트너십은 목표 고객에게 기업의 이미지를 확실하게 심어주는 수단이자 기업의 인지도를 크게 높이는 지름길이 될 수 있다. 한편 특정 지역에서 오랫동안 사업을 해온 기업이라면, 공익마케팅 프로그램을 통해 지역 사회의 발전에 도움이 되는 일을 함으로써 기업의 위상을 확고히 할 수 있다.

지역 사회 참여 활동에서 가장 중요하고 강력한 힘을 발휘하는 요소 가운데 하나는 자원봉사자의 활용이며, 직원들이 기꺼이 시간을 내어 공익 사업에 참여하면 더 큰 효과를 얻을 수 있다. 또한 자원봉사자로 나선 직원들은 지역 사회와의 관계를 새롭게 하고 도움이 필요한 사람들을 위해 뜻깊은 일을 하며 만족감을 얻을 수 있다. 직원의 일을 인정하고 보상을 주는 경영자는 ① 회사의 이름으로 지역 사회에 기부하고, ② 훌륭한 경영자이자 선량한 시민의 의무를 다하는 좋은 기업으로서 회사의 인식과 이미지를 높이며, ③ 보도 자료와 사진을 넣은 옷, 단추, 스티커, 기념품 등을 통해 최소 비용으로 회사와 공익 사업의 인지도를 높일 수 있는 다양한 기회를 마련하고, ④ 직원과 지역 주민, 회사 모두에 도움이 되는 가치 있는 일을 함으로써 혜택을 볼 수 있다.

심지어 온라인을 통해서도 커뮤니티 의식을 증진시키는 방법을 모색할 수 있다. 제품과 서비스를 기부하고, 직원과 고객의 기부금을 특정 공익 사업과 연계시켜 지원하며, 직원들이 정해진 공익 활동에 참여한 일정 시간에 대해 정상 임금을 지급하는 것도 지역 사회 참여를 활성화시키는 방법이 될 수 있다.

지역 사회의 경제적 발전

지역 사회의 경제적 발전은 공익마케팅이 이벤트나 모금 캠페인보다 더 큰 의미를 지닌다는 사실을 대표적으로 보여 주는 부분이다. 지역 사회의 유휴 노동력(노인, 학생, 소수민족, 장애인 등) 채용은 일반적인 경로로는 취업되지 않는 사람들에게 일자리를 주는 비차별적 고용 활동이 되며, 동시에 지역 사회의 경제에 큰 도움이 되는 투자 행위라 할 수 있다. 비차별적 고용이 법적으로나 도덕적으로 정당한 권리임을 모든 사람이 알고 있지만, 실제로는 많은 기업이 교육 및 경력 기준을 높게 세워 놓고 있어 일할 의지가 있고 노동 능력도 있으며 일을 해야 하는 많은 사람들이 원천적으로 지원할 수 없는 실정이다. 그러나 일하기 좋은 기업은 의식적으로 그렇게 하지 않는다.

그 밖에도 지역 사회 발전에 도움이 되는 사업으로는 낙후 지역 기업과 가정에 대한 자금 지원, 그런 지역에서의 새로운 판매점이나 프랜차이즈 설립 지원, 유휴 노동력 채용과 일자리 제공 등이 있다. 이 모든 것은 공익마케팅으로서 지역 사회의 경제적 발전에 기여하는 한 예에 불과하다.

환경

'환경'이라는 단어는 다양한 의미를 지니고 있지만, 의미 있는 공익마케팅을 추진하기에 좋은 플랫폼 역할도 한다. 궁극적으로 환경에 좋은 것이 무엇인지는 주관적이며 때로 논쟁의 여지도 많지만, 이 분야에서도 다양한 공익 활동을 추진할 수 있다.

환경에 대한 관심은 보편적이다. 그러한 관심의 구체적인 표현 방법과 사회적 책임을 다하는 기업으로서 의사 결정에 반영시키는 방법은 개개 기업이 판단하여 정할 문제이다. BSR의 〈공익마케팅 : 파트너십 가이드라인과 사례 연구〉에는 다음 사항을 포함하여 다양한 환경 관련 주제가 제시되어 있다.

● 대체 에너지 자원 개발

- 에너지 효율성 개선
- '산림 친화적' 사업
- '그린' 빌딩 디자인
- '그린' 제품 디자인
- 폐기물 감소
- 수자원 보호
- 수질 개선

환경 영역의 주제가 광범위하다는 사실은 기업이 각자의 상황에 맞추어 독특한 환경 사업을 채택하고 추진할 기회가 많다는 의미가 된다. 어떤 제품에 '환경친화적'이라는 표기를 할 수도 있지만, 가장 성공적인 공익마케팅 프로그램은 매출액의 일정 부분을 열대 우림 보호나 이리호 정화 운동, 야생 동물 보호 활동, 지구 온난화 연구 사업 등에 지원하는 식으로 보다 구체적인 부분에 집중하는 것이다. '그린 운동'은 환경에 해를 끼치지 않는 제품 광고와 판촉 활동 차원에서 발전했으며, 재생성, 생분해성, 비오염성 제품이 가장 보편적이다.

환경 관련 공익마케팅 프로그램의 중요성을 보여 주는 대표적인 이유 두 가지만 설명하면 다음과 같다.

1. 그렇게 함으로써 기업의 사회적 책임을 다한다는 인상을 확실하게 심어줄 수 있다.
2. 실제로 다양한 형태를 띠지만, 환경 문제는 환경친화적 기

업에 우호적이고 그렇지 않은 기업에는 적대적인 시선을 보내는 전 세계 모든 소비자를 대상으로 한다.

지배 구조

지배 구조는 이사회, 주식 애널리스트, 주주 등을 제외하면 다른 어느 누구도 관심을 갖지 않는 회사 내부 문제로 생각할 수 있다. 그러나 회사 경영진은 그 회사의 전체적인 분위기와 방향을 결정한다. 이사회, 경영위원회, 자문위원회, 경영진에 선임된 사람의 대중적 이미지는 그 회사와 그 회사가 나아갈 방향에 대한 일반인과 이해관계자의 인식에 큰 영향을 줄 수 있다. 회사 방침이나 회사가 적극 참여하는 공익 활동과 전혀 어울리지 않는 경력과 이미지를 지닌 사람이 CEO로 선임되면, 회사의 정체성이 흔들리고 공익 활동 추진 의지가 의심받을 수도 있다.

인권

일반적으로 국제 정치와 법적 측면이기는 하지만, 인권은 언론의 큰 관심을 끄는 문제이다. 기업 차원에서는 규모가 크건 작건 모든 기업이 채용, 업무 규칙, 임금, 건강 및 안전 문제, 근무 조건, 공정한 고용 관행 등 많은 부분에서 인권의 준수 여부를 평가받는다. 세계 각지의 인권 개선을 위한 기금이나 공익단체를 지원하면서도 한편으로는 회사 내부의 차별에 눈을 감아버리는 회사가 있다면, 공익마케팅의 의미가 퇴색될 뿐만 아니라 법적 문제가 발생하기도 하고 홍보 활동이 효과를 발휘하지 못할 수도 있다.

또한 회사의 인지도 제고를 위한 방법으로 공익마케팅 활동을 추진하는 기업이 그렇지 못한 기업에 비해 더 큰 사회적 감시의 대상이 된다는 점도 충분히 예상할 수 있다. 직원이나 소비자의 불만이 있으면 더욱 일반인의 관심을 끌면서 위선적인 기업이라는 비난을 받기도 한다.

인권 같은 부분을 강조할 때는 '좋게 보이도록 하는 수준' 정도로는 충분하지 않다.

시장

시장 문제에는 일반적으로 광고, 고객 서비스, 제품 개발, 가격 결정, 공익마케팅 그 자체 등 전통적으로 마케팅과 관련된 많은 영역이 포함된다. 시장 조사가 늘어나고 인터넷 기업이 발달하면서 더 많은 정보가 데이터베이스에 축적되고 메일링 리스트나 각종 보고서를 통해 많은 데이터가 거래되는 상황에서, '소비자 개인정보 보호' 문제의 중요성이 더욱 커지고 있다. 지금이 순간에도 계속 생성되고 있는 정보를 효과적으로 이용할 수 없었다면 텔레마케팅 분야의 폭발적 성장은 가능하지 않았을 것이다. 하지만 그렇기 때문에 개인정보 누출 문제를 많은 사람이 가장 우려하고 있기도 하다.

시장이 더욱 복잡해지고 경쟁이 치열해지며 정보가 예상치 못한 속도로 이동하는 상황에서, 기업의 사회적 책임과 윤리 의식이 더욱 중요해졌다. 또한 무한 경쟁 환경에서 목표 시장 그룹에 접근할 수 있는 능력이 더욱 필요하게 되었다. 그런 능력을 확보하게 된다면 공익마케팅 프로그램 추진에도 큰 도움이 될 것이다.

일터

안전하고 건강한 환경을 위한 근무 조건 유지, 교육 훈련, 채용, 다양성 보장, 복지 혜택, 공평한 보상 등과 같은 부분이 바로 일터와 관련된 문제이다. 여기서도 어떤 식으로든 공익마케팅을 추진하는 기업이나 단체는 조직 구조와 업무 절차, 역사, 근무 조건 등에 대해 더 많은 비판의 대상이 될 수 있다. 특히 건강 및 안전 같은 문제는 중요성이 더 크다. 인종, 나이, 성에 따른 차별과 관련한 소송이나 불만, 또는 괴롭힘을 당했다는 주장은 철저한 조사와 함께 평소의 일하기 좋은 기업이라는 주장에 비추어 더욱 엄중한 비판을 받는다. 위선적인 기업으로 드러나면 평소에 쌓아둔 모든 명성이 한순간에 훼손될 수 있다.

미션, 비전, 가치

기업이 추구하는 미션, 비전, 가치는 기업의 정체성이자, 주주, 규제 당국, 언론 등 다양한 집단과 시장, 일터에서 그 회사의 이미지를 결정짓는다. 공익마케팅을 추진하거나 공익 사업을 후원하기로 결정하면, 이해관계자 사이에서 그 기업의 인지도가 크게 높아질 수 있지만, 한편으로는 그 회사의 원칙이 해당 공익 활동의 취지와 일치하는지 여부에 대한 관심 또한 높아진다. 일치하지 않거나 이해관계자들의 문제 제기에 입을 닫아버리는 기업은 고상한 공익활동을 한다고 아무리 소리 높여 외쳐도 관심을 끌지 못한다.

기업의 미션과 가치를 대외적으로 공표하는 것은 그 기업이 소중하게 생각하는 부분이 무엇인지를 시장에 공개하는 행위이기 때문에, 그러한 거창한 말에 어울리는 행동을 보여 주어야만 한다. 미션, 비전, 가치의 핵심 요소 각각은 공익마케팅 활동의 성공 여부를 결정 짓는 중요한 역할을 한다. 따라서 기업의 사회적 책임과 비즈니스 윤리를 지키는 '좋은' 기업이 되어야 한다. 다시 말해, 공익마케팅 활동 범위가 지역적이건 국가적이건 세계적이건, 공익마케팅 활동 목표가 거창한 자선 활동이건 우리의 삶을 변화시키고 때로는 그 회사를 바라보는 사람들의 인식을 바꾸어 놓는 것이건, '좋은' 기업이 되어야만 한다.

BSR은 일부 기업이 각종 단체와의 관계를 마케팅 차원을 넘어 더 큰 규모로 직원의 자원 봉사 활동과 지역 사회 참여 등의 분야에서 다른 회사와 제휴하기도 한다는 점에 주목하고 있다. 사회적 책임을 다하며 윤리적인 경영자가 되고 '좋은' 기업이 되는 것이 공익마케팅의 전부가 아니다. 하지만 그런 부분이 전제되지 않는 상황에서는 공익마케팅이 지속적이고 성공적인 성과를 가져올지 여부를 장담할 수 없다.

공공의 이익을 위한 활동에 참여하는 것은 모든 기업 경영자나 단체의 책임도 아니고 의무도 아니다. 하지만 그렇게 생각하고 행동하는 기업이 늘어나고 있다. 일반 대중도 그런 기업을 보다 호의적으로 바라본다는 사실이 조사를 통해 밝혀졌다. 지역 사회를 위해 무엇인가 보람 있는 일을 하는 것이 모두의 의무라고 생각하는 사람이 많다. 물론 그런 생각을 거부하는 사람도 있다.

사회적 책임을 다하고 일반 대중과 특히 특정의 목표 시장으로부터 인정받는 공익 활동에 시간과 돈을 투자하고 가시적인 지원을 제공하면 기업의 비즈니스 전반이 혜택을 보게 된다.

| 제1장의 요약 |

◼ 공익마케팅은 기업, 비영리단체, 기타 단체가 상호 이익을 위해 이미지, 제품, 서비스, 메시지를 마케팅하는 수단이다.

◼ 수익금의 일부를 어떤 사회적 관심 분야나 공익 사업에 기부할 수도 있고, 아니면 교육 또는 의식 제고 활동을 추진할 수도 있다.

◼ 조사 대상 미국인 가운데 60퍼센트는, 자신이 관심을 갖고 있는 사회 활동을 후원하는 기업이 있다면 그 회사의 물건을 우선적으로 구매하겠다고 응답했다.

◼ 전체 미국인 가운데 약 3분의 2는 사회 문제에 관심을 갖고 참여하는 기업을 더 신뢰한다고 응답했다.

◼ 공익마케팅 프로그램을 추진하는 기업의 직원 가운데 90퍼센트는 자기 회사에 대해 자부심을 느낀다고 대답했다.

◼ 공익마케팅은 전략적 자선 활동, 스폰서십, 사회적 투자, 가치 파트너십 등 다양한 방식으로 추진할 수 있다.

◼ 공익마케팅 프로그램을 추진하기에 앞서 먼저 '좋은 기업'이 되어야 하며, 기업의 사회적 책임, 비즈니스 윤리, 지역 사회 참여, 경제적 발전, 환경, 지배 구조, 인권, 시장 및 일터, 미션, 비전, 가치 등에 대해 명확한 입장을 가져야 한다.

◼ 공익마케팅은 한 기업이 어떤 특별한 의미가 있는 단체나 공익 활동, 사회 문제에 참여하는 것이다.

◼ 기업의 사회적 책임은 윤리적 가치, 법적 기준 준수, 사람과 지역 사회, 환경의 존중을 바탕으로 한 의사 결정을 의미한다.

제2장

적합한 공익 활동 선정

Cause Marketing

ıse
ırketing
ıse Marketing
ıse Marketing Cause Marketing
ıse Marketing Cause Marketing Cause Marketing
ıse Marketing Cause Marketing Cause Marketing Cause Marketing
ıse Marketing Cause Marketing Cause Marketing Cause Marketing Cause Marketing

신중한 선택의 고민이 필요하다

공익마케팅을 통해 남보다 앞서 가겠다는 결정을 내린 기업이나 단체가 있다면 이제 어떻게 해야 할까?

몇십 년 전의 세상은 지금보다 훨씬 더 단순했으며, 그 때만 해도 어떤 것을 정해 공익마케팅을 추진하기가 상대적으로 수월했을 것이다. 예를 들어 경영자는 직원들의 월급에서 일정 금액을 공제하여 지역 사회의 다양한 좋은 일에 자금을 지원하는 자선단체인 '유나이티드 웨이(United Way)'에 회사 이름으로 기부금을 전달하고는 했다. 그러면 경영자는 '유나이티드 웨이' 대표로부터 감사의 편지를 받았고, 그 편지를 멋있는 액자에 넣어 잘 보이는 곳에 걸어 놓았으며, 보도 자료, 광고물, 우편물, 사보, 기타 등등에 회사의 선행을 광고하고는 했다. 그것은 그럴듯 했고 모든 사람이 좋아했고 자부심을 가졌다.

그러나 지금은 많은 것이 변했다. 평화의 시대임에도 불구하고 이 세상은 혼돈의 장소이며, 누구를 믿어야 할지 아무도 확신하지 못한다. 도움이 필요한 사람을 위해 수표를 끊어주던 사람도 그 수표가 실제로 그 사람에게 갈지, 누군가가 중간에서 가로채 요트를 사는 데 써버리지 않을까 의심하며 더 이상 돈을 선선히 내놓지 않는다. 바바라 스트라이샌드에게는 미안한 말이지만, 사람이 필요한 사람은 이제 더 이상 이 세상에서 가장 운 좋은 사람이 아니다. 1992년에 '유나이티드 웨이' 회장이 자금 유용 혐의로 구속되는 스캔들이 발생하여 온 세상을 흔들어 놓은 적이 있다. 이 단체를 둘러싼 의혹들이 연일 쏟아지면서 많은 사람이 충격에 휩싸였다. 오랫동안 기부금을 내놓았던 많은 사람들이 사기 당했다는 생각에 원통해 했다. '유나이티드 웨이'에 자금을 지원한 기업 경영자들도 마찬가지로 분통을 터뜨렸지만, 돈이 제대로 쓰이는지 감시하지 못했다는 비난을 받았다.

조직을 개편하고 분위기를 일신한 '유나이티드 웨이'가 대중의 신뢰를 다시 얻고 옛 명성을 어느 정도 회복하는 데 10년이 걸렸다. 그 사건이 터진 이후 다른 자선단체들도 철저한 감시 대상이 되었으며, 자선단체와의 관계를 다시 생각한 일부 기업은 비즈니스에만 매달려야 하며 '다른 사람을 돕는' 사업에서는 손을 떼야 한다는 결론을 내렸다.

또한 자선단체들의 분위기도 바뀌었다. 예를 들어 미국 해병대가 매년 크리스마스를 맞아 불우 어린이를 위해 장난감을 모으는 '아이를 위한 장난감(Toys for Tots)' 행사에 동참한 기업들은 기꺼이 커다란 수거 상자를 여기 저기에 두고 장난감을 모았다. 기업들로서도 '좋은 일'을 한다는 기분으로 참여하는 대대적인 크리스마스 행사였다. 해병대는 이 행사를 통해 '마음의 정성'을 보여주었고 해병이 단순한 전투 기계가 아니라는 사실을 입증했다. 해병대와 참여 기업들은 즐거운 마음으로 장난감을 아이들에게 나누어주었다. 값싼 장난감 하나로 사람들은 어려운 처지에 있는 아이들을 웃게 만들 수 있었다. 개개인의 작은 정성이 많은 어린이를 즐겁게 한 뜻깊은 행사였다. 모든 사람이 만족하게 생각했고, 모든 것이 좋아 보였다. 그런데 갑자기 기자 회견과 소송이 시작되었다.

기준이 변하면서 많은 장난감이 안전하지 못한 것으로 판명되었고 폐기 처분했어야 했던 위험한 흉기라는 주장이 제기되었다. 장난감 수거함을 설치했던 장소 역시 비상 사태가 발생했을 경우에 중요한 공간으로서, 장난감 수거함이 사람들의 통행을 방해하여 위험하다는 주장도 나왔다. 장난감 수거함 대부분을 소방서에서 가져갔으며 이 캠페인은 크게 위축되었다. 이제 이 행사는 더 이상 좋은 일이 아닌 것으로 비쳐졌다.

이 외에도 '메이크어위시 재단(Make-a-Wish Foundation)', '스타라이트 재단(Starlight Foundation)', '스페셜 올림픽(Special Olympics)', 기타 마음을 나누는 다양한 사회 봉사 활동이 화려한 각광을 받으며 무대에 등장하여 아이의 얼굴에 미소를 찾아주자는 운동과 경쟁을 벌이기 시작했다. '아이를 위한 장난감'은 여전히 많은 사람이 인정하는 뜻깊은 행사였지만 점차 사람들의 관심에서 멀어져 갔고, 새롭게 등장한 다른 사회 봉사 활동과 비교하면 시대에 뒤떨어진 것처럼 보였다. 또한 자선단체 사이에 치열한 경쟁이 벌어지기도 했다.

그리고 장난감 하나를 사는 단순한 행동은 또 얼마나 과감한 결단이 필요한 것으로 바뀌었는가? 일 년에 단 한 번 장난감을 받는 것으로 아이가 행복해할까? 천진난만한 여자아이에게 바비 인형 하나면 충분할까?

공익마케팅은 여전히 다른 사람을 위해 좋은 일을 하고 지역 사회에 무엇인가를 환원한다는 면에서 바람직한 아이디어로 생각되었지만, 독특한 목적을 내건 다양한 사회 활동이 출현한 것은 단지 시작에 불과했다. 한편 어떤 사회 활동이나 공익 사업과 연계를 맺는 것이 부정적인 결과만 낳는다면 기업은 이미지 훼손과 법적 책임 등 엄청난 위험을 감수해야 한다. 그리고 실제로 그런 일이 벌어지고 있다.

사회적으로 존경받는 비영리단체들은 정기적으로 언론 매체의 집중적인 감시를 받고 있으며, 단순한 의혹도 스캔들로 취급되는 경우가 많다. 기분이 상한 직원들이 무슨 말이라도 하면 '익명의 정보' 식으로 루머가 되어 돌아다니고, 무죄가 입증되기 전까지는 유죄 취급을 받으면서 동기를 공공연히 의심받기도 한다.

예를 들어, 유타 주 솔트레이크시티에서 열린 올림픽 대회를 둘러싼 의혹에 대해 조사가 벌어지자, '미국 올림픽 대표단의 자랑스러운 스폰서' 리스트가 나돌기도 했다. 2001년에 미국 적십자는 자금을 부정한 용도로 사용했다는 혐의를 받았다. 결국 지도부가 모두 바뀌고 이미지 개선을 위해 대대적인 캠페인을 벌여 신문 1면과 저녁 TV 뉴스 시간을 장식하기도 했다. 케이블 뉴스 방송사도 그 이야기를 30분마다 내보냈다.

고귀한 목적을 위해 기부금을 모은 행동이 개인과 기업 후원자들을 혼란과 당혹과 분노로 몰아넣고 말았던 것이다.

적합한 공익 사업의 선정 : 아주 쉬워 보일 것이다

좋은 의도로 각종 공익 활동을 생각하고 시작하려는 사람이나 기업은 가치 있는 공익 사업을 지원하기 위해서는 일반인이 생각하거나 알고 있는 것보다 더 많은 것이 필요하다는 사실을 깨닫기 시작했다. 또한 단체를 조직하고 운영하려면 많은 노력이 필요하고 할 일도 많다. 그리고 그런 활동의 결과가 처음 생각했던 기대 수준에 미치지 못하는 경우도 있어, 기업의 명성을 높이기보다 오히려 훼손시킬 수도 있다.

월급의 일부를 공제하여 자선단체에 기부하고 모금함이나 수거함을 설치해 장난감 같은 것을 모으는 방법이 어려운 처지에 있는 사람들을 위해 좋은 일을 하고 도움이 되고자 하는 기업들이 할 수 있었던 가장 간단하면서도 일반적인 오래된 방법이지만, 최근에는 공익 사업을 위한 대규모 모금 행사가 일반화되면서 언론의 주목을 받고 있다. 행진, 걷기 대회, 자전거 타기 대

Nothing would be sweeter than a cure.

Arnold Donald, Chairman & Chief Executive Officer of Merisant, home of Equal® Sweetener

But until one is found, please join the Equal® family and the American Diabetes Association as they team together on America's Walk for Diabetes.

American Diabetes Association.
Cure • Care • Commitment™

Call 1-888-DIABETES (1-888-342-2383)
or visit diabetes.org/walk/equal

EQUAL presents
AMERICA'S
WALK FOR DIABETES

이퀄(Equal)과 미국당뇨협회(American Diabetes Association)가 공동으로 추진하는 이 프로그램은 올바른 파트너십의 대표적인 사례라 할 수 있다. 사람들은 당뇨병을 생각할 때마다 설탕을 떠올린다. 그러므로 당뇨병 치료를 위한 연구 자금 확보 운동에 새로운 설탕 대체물 제조회사인 이퀄이 참여한 것은 논리적으로 타당하고 호소력도 있다. 가장 대표적인 올바른 파트너십이며 충분한 의미가 있다. (자료 제공 : 메리산트 컴퍼니)

회, 경매, 하이킹, 달리기, 콘서트, 로데오 경기, 체육 행사, 예술 전시회 등이 새로운 자선 활동의 상징이 되었다. 공익마케팅은 하나의 산업 분야까지는 아니지만 어느 정도는 독립적인 한 분야로 자리잡았고, 광고사와 홍보대행사는 공익연계 프로그램과 비영리 프로그램을 전담하는 부서와 팀을 구성하기도 했다. 하지만 실제로 아무것도 하지 못하는 곳도 있다.

BSR(Business Social Responsibility)은 이렇게 적고 있다. "경쟁에서 이기기 위해, 기업들은 복잡하고 항상 변화하는 경제, 환경, 사회적 흐름과 이해관계자의 요구 사항을 탐색해야 한다. 비즈니스의 '외적 요소'로 생각되어 온 이런 부분은 이제 기업 운영에 통합되어 있으며, 브랜드 이미지와 재무 활동에 직접적인 영향을 준다."

공익마케팅 프로그램에 적합한 파트너 모색과 선정을 전문으로 하는 컨설팅 회사도 있고, 많은 도시를 포괄하고, 수많은 자원봉사자와 유급 직원이 있고, 많은 사람이 참여하는 대규모 행사를 주최하고 관리하고 홍보하는 단체도 생겨났다. 그런 단체 가운데 하나인 '팔로타 팀웍스(Pallotta TeamWorks)'는 1994년부터 2000년 사이에 미국 역사상 그 어떤 민간 단체보다 많은 자금을 모아 AIDS와 유방암 환자의 치료를 지원했다.

사회적으로 뜻깊은 공익 활동에 기업이 참여하는 방식은 21세기 들어 완숙 단계에 이르렀다. 논쟁의 여지가 있는 주제도 많지만, 어떤 식으로든 일상 생활과 가정, 기업에 영향을 주는 것들이다.

젊고 역동적인 기업은 주로 '첨단'적인 이슈에 관심을 기울인다. 이런 주제는 극히 일부 계층만이 관심을 보이기는 하지만, 그래도 열성적인 지지층을 이끌어내기도 한다. 이와 달리 규모가 크고 역사가 오래된 기업은 논쟁의 여지가 적고 보다 다양하고 광범위한 계층이 수긍할 수 있는 보편적인 이슈에 관심을 보인다.

적합한 공익 활동 주제를 찾아 정하고, 함께 추진하기에 적합한 파트너를 선정하고, 올바른 프로그램을 개발하고, 다양한 요소를 고려하며 추진 단계별로 성과를 관리하는 일은 절대 만만하지 않다. 특히 사업을 해야 하는 기업으로서는 더욱 그렇다. 또한 시간과 자원의 투입도 중요하지만, 그 공익 활동 자체에 적합한 파트너를 선정하는 일도 중요하다.

마케팅 계획 수립과 연구 조사의 중요성

파트너 선정과 공익마케팅 프로그램의 방향을 정하기 위해서는 연구 조사가 반드시 필요하다. 마케팅 계획을 수립할 때도 연구 조사가 선행되어야 한다. 마케팅 계획에는 기본적으로 상황 분석, 목표 설정, 전략과 전술, 일정표, 예산이 포함되어야 한다.

마케팅 계획을 수립하기에 앞서 연구 조사 데이터를 수집하여야 하며, 실행 과정에서도 CEO의 의견이나 일시적인 생각, 마케팅 매니저의 기분이나 취향에 따라 흔들리지 않고 계획을 철저하고 일관되게 추진하는 것이 무엇보다도 중요하다. 마케팅은 많은 것이 걸려 있는 중요한 활동이므로, 마케팅 책임자가 아무

폴 뉴먼은 영화 배우로서의 유명세를 바탕으로 식품 사업을 벌여, 그 수익금으로 재단을 운영하면서 각종 공익 사업에 자금을 지원한다. 그의 활동에 영향을 받아 다른 유명인사들도 사회 봉사 프로그램을 개발하고 나름의 기준에 따라 선택한 공익 사업을 후원하고 있다. (사진 : 카린 고트샬크 마코니)

렇게나 마케팅 계획을 세워 회사의 귀중한 수백만 달러를 위험에 빠트리게 내버려두어서는 안 된다.

　예산 편성 담당자가 따로 있겠지만, 공익마케팅 프로그램을 추진하는 기업은 예산안을 확정 짓기에 앞서 다음 사항을 반드시 알고 있어야 한다.

● 대상 시장 : 구체적으로 누구를 대상으로 하고 있는가?
　연령, 소득, 성별, 교육 수준, 지역, 인종, 라이프스타일,
　선호도 등 세부 항목으로 나누어 생각한다.

● 회사, 단체, 브랜드를 고객, 잠재 고객, 기타 다른 사람들이 어떻게 인식하고 있는가? 그 회사, 단체, 브랜드에 대한 인식과 함께 경쟁업체와의 비교 분석도 필요하다. 회사에 대한 일반적인 여론은 어떤가? (예를 들어 일부 조사에 따르면 사람들은 자신의 주거래 은행은 좋아하지만 은행 전반에 대해서는 좋지 않은 생각을 갖고 있으며, 자신의 변호사는 존중하지만 전반적으로는 변호사를 싫어하는 것으로 나타났다. 보험회사나 자동차회사 역시 마찬가지이며, 심지어 기업 전반에 대해서도 유사한 인식을 보였다.) 어떤 마케팅 활동이나 공익 사업에 자원을 투입하기에 앞서 일반 대중의 인식을 파악할 필요가 있다.

● 자체 광고 이외에도 언론 매체가 회사를 다룬 적이 있는가? 지난해에 회사가 언론의 관심을 받아 기사화 된 적이 있는가? 그런 기사가 있었다면 긍정적인 것이었나, 부정적인 것이었나? 회사의 내부적인 생각이나 주장이 제대로 반영되었는가? 언론 매체의 인식과 평가가 전체적으로 일관성을 유지하고 있는가?

● 관련 업계나 지역 사회로부터 인정받고 있는가? 그렇다면 회사 내외의 다양한 구성원이 그 사실을 알고 있는가?

● 반복 구매 고객 비율은 얼마나 되나? 이직률은 얼마나 되는가? 업계 평균보다 낮은가? 아니면 더 높은가? 이 질문에 대한 대답은 회사가 일하기 좋은 곳 또는 같이 사업하기 좋은 곳으로 인식되고 있는지 여부를 밝혀내는 데 도움이 된다.

● 실적 또는 사업 활동이 경기 주기를 타는가? 아니면 다른 업종의 비즈니스 사이클에 의존하는가?
● 지역 사회 봉사, 자선 활동 참여, 사회 봉사 활동 등의 측면에서 다른 경쟁업체와 비교하여 회사의 수준은 어느 정도인가? 각종 사회 봉사 활동 참여도가 뚜렷하게 높다면, 그 사실을 많은 사람이 알고 있으며 인정을 해주고 있는가?

이 정도는 연구 조사 작업을 통해 밝혀내야 할 가장 기본적인 사항 가운데 일부이다. 그런데 많은 기업이 "우리가 이 분야에서 최고라는 사실은 모든 사람이 다 알고 있다"거나 "우리가 시장 선도 업체라는 정도는 누구나 알고 있다", 심지어는 "우리가 올바른 일을 하지 않았다면 이렇게 오랫동안 사업을 계속할 수 없었을 것이다"고 말하며 이와 같은 데이터 확보의 필요성을 무시하고 있다. 이러한 경영진의 자만심과 자아 도취는 한때 시장을 지배할 정도로 막강했던 시장 점유율이 추락하게 만드는 데 일조를 한다.

마케팅 계획을 수립하고 나서 실행에 들어가기 전과 실행하는 과정중에 항상 시장의 반응과 동향을 조사하고 분석해야 한다. 항상 조심스럽게 접근하며 시장 상황을 살펴보는 것이야말로 기업이 할 수 있는 가장 현명한 투자 가운데 하나이다. 회사나 브랜드를 누구나 다 알고 있고 사랑한다는 자만심과 자아 도취는 값비싼 대가를 치러야 할 엄청난 실수이다. 연구 조사는 면접 조사, 우편 또는 전화 조사, 소비자 그룹, 설문서, 또는 협력 업체, 고객, 주주, 일반인을 대상으로 한 우편, 전화, 전자우편 설문 분석 등을 통해 할 수 있다.

마케팅 계획을 실행하기에 앞서 일반 대중, 규제 당국, 법률 제정자, 동종 업계 종사자, 직원, 언론 매체 등이 갖고 있는 회사에 대한 인식과 시장에 대해 가능한 많은 정보를 확보해야 한다.

파트너 선정 시의 고려 사항

공익마케팅 파트너를 선정하고 공익마케팅 프로그램을 본격적으로 추진하기에 앞서, 회사 또는 단체는 자기 자신과 자신의 장점(또는 장점이라고 생각하는 부분), 약점을 먼저 명확하게 파악해야 한다. 일단 회사의 현재 상태에 대한 전반적인 자체 분석을 끝내고 나면, 예정 파트너에 대해서도 마찬가지의 평가 작업을 거쳐야 한다.

BSR은 "성공적인 파트너십을 위해서는 정직성, 성실성, 상호 존중과 배려가 무엇보다도 필요하다"고 강조한다. 파트너십을 형성하고 공익마케팅 프로그램을 함께 추진한다고 해서 기업이 고유의 비즈니스 목표를 포기해야 한다는 의미는 아니다. 따라서 기업은 현재의 비즈니스 기본 원칙에 부합하는 공익 사업과 파트너를 선정해야 한다.

BSR이 주장하듯이, "파트너는 각자의 목표를 추구하면서 공통의 목표도 동등하게 충족시켜야 한다. 기업과 비영리단체 모두 서로에게 리스크를 줄 가능성이 있다는 사실을 철저하게 인식하면서 각 파트너의 기여 부분을 높이 인정하고 그에 따른 보상도 동등하게 나누어야 한다는 사실을 항상 생각해야 한다."
기업들이 각자의 자산을 합치고 통일된 기준과 절차를 준수하기로 하는 기업 합병과 달리, 공익마케팅 파트너십은 각자의 고유한 정체성과 특성을 유지한다. 각각은 고유의 정체성을 유지하고 각자의 목적과 목표를 추구하면서 동시에 공통의 목표를 달성하기 위해 노력하고, 파트너십 관계를 맺은 기업과 비영리단체 모두 혜택을 보아야 한다.

파트너십은 항상 이혼을 염두에 둔 결혼 생활에 비유되며, 따라서 파트너 관계의 적합성이 중요한 요소이다. 집 없는 사람을 돕고 배고픈 사람에게 음식을 주며 못 배운 사람을 가르치고 환경을 깨끗이 하며 인권을 위해 싸우는 등 고귀하지만 실제로는 보편적인 많은 공익 활동에 참여하는 것이 쉬워 보일 수 있지만, 파트너 사이의 작은 인식 차이로 인해 파트너 관계가 파탄으로 끝날 수도 있다.

예를 들어 서로 다른 문화적 배경 때문에 발생되는 조직 구조의 차이를 한 번 생각해보자. 기업은 복지 혜택, 보너스, 스톡옵션 등 다양한 인센티브 제도를 활용하여 최대의 효율성을 이끌어내고 정해진 시간과 예산 범위 안에서 주어진 목표를 달성하도록 직원을 훈련시키는 데 반해, 비영리단체는 유급 직원도 일부 있지만 대부분 어떤 보상을 바라지 않고 자발적으로 참여하는 자원봉사자의 활동에 의존하기 때문에 완전히 다른 방식으로 관리되어야 한다.

공익마케팅 프로그램 관리 전문가인 셜리 사가와와 엘리 세갈은 "비영리단체는 기업 파트너를 단순히 돈만 내는 곳으로 볼 수 있고, 기업은 사회 단체가 사람들의 의존성을 조장할 뿐이며 설립 취지와 달리 문제를 실질적으로 해결하지도 못한다고 생각할 수 있다"며 파트너 사이의 인식 차이를 설명했다.

그러면서 이렇게 덧붙였다.

어떤 조직의 문화, 역량, 배경뿐만 아니라 그 조직의 필요 사항과 자산에 대한 정확한 이해가 적합한 파트너 선정의 전제 조건이다. 이러한 요소들은 '가치 명제'를 구성하며 파트너십 구축에 가장 적합한 대상을 결정하는 데 도움이 된다. 그 가치 명제에 부합하며 조직의 필요에 맞는 자산을 갖추고 있고 문화와 역량과 배경이 자신의 것들과 양립할 수 있는 파트너를 찾는 일이 가장 중요하다.

공익마케팅 관계를 검토할 때는 자체 분석에서 다룬 것과 동일한 사항을 예정 파트너에게도 적용해야 한다.

- 해당 공익 사업(또는 그 공익 사업을 추진하는 비영리단체)이 구체적으로 누구를 또는 무엇을 대상으로 하는가?
- 그 공익 사업 또는 비영리단체에 대한 일반 대중의 인식은 어떤가? 보다 구체적으로, 기업이 관계를 맺고 그 관계를 유지하며 영향력을 발휘하고 싶은 특정 고객 계층이 그 공

익 사업 또는 비영리단체를 어떻게 생각하고 있는가?

● 그 공익 사업 또는 비영리단체에 대한 언론 매체의 인식은 어떤가? 이러한 인식은 기업의 향후 비즈니스와 명성에 도움이 되는가? 아니면 오히려 해가 되는가? 아니면 뚜렷한 영향을 전혀 주지 않는가?

● 그 공익 사업 또는 비영리단체가 어떤 식으로든 사회적으로 주목받거나 인정받은 적이 있는가? 그런 적이 있다면, 긍정적인 것이었는가? 아니면 비판적인 것이었는가?

● 그 공익 사업 또는 비영리단체가 유사한 목표를 갖고 있는 다른 공익 사업이나 비영리단체와 비교했을 때 어느 정도의 위치나 비중을 차지하는가?

● 그 공익 사업 또는 비영리단체가 지속적인 활동을 해왔으며 목표에 충실했는가? 아니면 지속적이지 못했으며 목표에 집중하지 않았는가?

● 그 공익 사업 또는 비영리단체가 지속적으로 사람들의 관심을 끌었으며 자원봉사자와 후원자의 참여가 계속되어 왔는가? 아니면 이제 일반인의 관심에서 멀어져 있는가?

● 그 비영리단체의 조직 구조와 운영 상태는 어떤가? 책임자는 유급 임원인가 자원봉사자인가? 책임자는 일정 시간 내에 구체적인 목적이나 목표를 달성하기로 계약을 맺었는가? 그 단체의 고위급 인사들이 다른 기업과도 연계를 맺고 있는가? (비영리단체의 무급 또는 자원봉사 임원이 경쟁 관계에 있는 다른 회사에서 월급을 받는 직책을 맡고 있을 수 있다.)

기업이 사회적 책임, 비즈니스 윤리, 지역 사회 참여, 지역 사회의 경제적 발전, 환경, 인권, 시장과 일터에 대한 관심, 미션, 비전, 가치를 위해 어떤 기준을 정하고 노력해야 하는 것과 마찬가지로, 공익마케팅을 함께 이끌어나갈 파트너 역시 그래야 한다. 따라서 기업이 지켜야 할 기준과 원칙을 비영리단체에도 적용시켜 살펴보아야 한다.

한편 기업은 공익마케팅을 통해 달성하고자 하는 목표를 분명하게 설정해야 한다. 단순히 인지도 제고나 이미지 개선이 목표라면, 일반인의 눈에 잘 띄는 프로그램이나 행사를 골라 지원하는 정도면 충분할 것이다. 그러나 현재의 고객이나 과거의 고객이었거나 미래의 고객으로 삼고 싶은 그룹 등 특정 계층을 대상으로 이미지를 완전히 바꾸거나 개선시키는 것이 목표라면 파트너를 신중하게 살펴보고 평가한 다음에 정해야 한다.

인지도가 높고 평판이 좋으며 스캔들에 연루된 적이 없는 오랜 역사를 지닌 안전하고 주류에 속하는 공익 활동이나 비영리단체와 파트너 관계를 맺는 기업도 있다. 많은 사람이 좋은 곳이라고 생각하는 단체이다. 이런 단체와 파트너십을 형성하면 기업에 해가 될 가능성은 극히 낮으며, 연차보고서에 당당하게 언급할 수 있고, 기업의 도덕성 측면에서 평가할 때 분명히 도움이 된다.

한편으로는 '리스크-보상 비율'도 검토해야 하며, 무엇을 달성하고자 하는지도 다시 한 번 생각할 필요가 있다. 리스크가 적은 관계는 많은 사람이 동의하겠지만, 그런 주류 단체와 안전한 관계를 맺으면 수많은 기업들의 꽁무니를 쫓아가는 것에 불과하며 시장에서도 색다르고 독특하며 주목할 가치가 있는 기업으로서의 이미지를 보여줄 가능성은 거의 없다. 다소 독특한 단체와의 파트너십은 위험성이 크기는 하겠지만 그에 따라 얻는 부분도 클 수 있다. 리스크와 효과를 신중하게 평가해야 한다.

일례로 '플랜드 페어런트후드(Planned Parenthood)' 같은 단체와 파트너십을 맺는 기업은 많은 관심을 끌면서, 이 독특한 단체와 그 단체가 표방하는 철학을 지지하는 소비자 계층을 새롭게 확보할 수도 있다. 물론 다른 한편으로는 그 단체의 목적과 철학에 강력하게 반대하는 사람들의 주목을 받을 수도 있다. 그들은 자신들이 속한 그룹에 따라 그 회사의 소비자가 되거나 지지하기도 할 것이며, 한편으로는 다른 사람에게 그 회사를 권하지 않거나 더 나아가 다른 사람들도 그 회사의 제품이나 서비스를 이용하지 못하게 할 수 있다. 그런 기업과 단체는 스펙트럼의 양쪽 모두에 존재한다. 근본주의자나 급진파라고 부르기는 어렵겠지만, 그 단체의 목적과 철학을 열정적으로 지지하고 어떤 기업이 어떤 부분을 지원하는지 관심을 갖고 지켜보는 사람들을 확보할 수 있다. 반면에 어느 한쪽의 단체와 파트너 관계를 형성하면 열성적이고 헌신적인 지지자를 향한 문이 열리지만, 동시에 반대 의견을 지닌 사람들의 적개심을 유발하기도 한다.

특정 목표 계층에 호소력을 발휘하면서도 다른 계층을 배제하거나 소외시키지 않아야 잘 만들어진 광고라 할 수 있듯이, 마케터는 특정 이슈나 공익 활동에 대한 회사의 관심과 지원에 동의하지 않는 사람들과의 관계도 배제시키지 않는 방법을 신중하게 검토하여 공익마케팅을 추진해야 한다. 어떤 회사의 경영자는 이렇게 말했다. "항상 나를 싫어한다고 생각하는 그룹을 목표로 삼아 마케팅 하기를 좋아한다." 이 말이 우습게 들리겠지만, 그래도 그 밑바탕에는 깊이 생각해 보아야 할 의미가 담겨 있다.

논리적 파트너 선정

가치 있는 자선 단체나 공익 활동을 하나 이상 지원하는 것도 전혀 문제되지 않는다. '유나이티드 웨이'에 기부금을 내거나 헌혈 운동에 참여한다고 해서 다른 공익 사업을 하지 못할 이유는 없다. 실제로 다양한 공익 사업을 오랫동안 지원하고 있다는 사실은 건전한 시민의식을 지닌 기업으로서의 이미지를 높이고 더 좋은 평판을 얻는 데 도움이 된다.

그러나 회사의 자원도 한계가 있기 때문에 공익마케팅 파트너 선정에 제약이 따른다는 사실을 감안하면, 파트너 하나를 정할 때도 아주 신중해야 한다.

시장 조사를 통해 목표 시장의 취향과 선호도뿐만 아니라 회사에 대한 시장의 인식도 알 수 있다. 목표 시장을 효과적으로 파고들어 공략하기 위해서는 목표 시장에 속한 소비자들이 중요하게 생각하는 관심사나 이슈를 파악하고 이해해야 한다.

우수한 품질과 가치에 대한 욕구 부분은 제품이나 서비스 개발을 통해 해결할 수 있다. 그러나 품질과 가치와는 상관없이 어떤 회사나 브랜드를 소비자가 우선적으로 선택하게 하는 데 중요한 역할을 하는 요소인 회사, 제품, 브랜드 이미지는 감성적 측면이 강하다. 그것은 감정에 기초한 의견이나 취향이며, 그러한 감정은 소비자가 관심을 갖고 있는 공익 사업이나 이슈에 대한 회사의 참여나 지원을 포함하여 그 회사의 전체적인 입장과 행동에 의해 영향을 받는다. 그렇기 때문에 공익마케팅은 차이를 만들어낼 수 있으며, 파트너를 정할 때는 아주 신중해야 하는 것이다.

파트너 대상의 평가

보완 효과가 가장 큰 목표를 가진 단체, 사회적 이슈, 공익 활동을 파악한다. BSR은 공익마케팅 파트너를 검토할 때 다음과 같은 부분을 살펴봄으로써 파트너로서의 적합성 여부를 평가하도록 권한다.

- 파트너 대상 비영리단체의 목표
- 공익마케팅 파트너십을 추진할 수 있는 역량
- 지역적 분포 · 위치
- 단체의 역사
- 이사회 구성
- 리더십과 재정 상태

- 경쟁 상대
- 그 단체와 직원, 자원봉사자, 후원자, 공급업체, 비즈니스 파트너, 수혜자 사이의 관계
- 지방 및 중앙 규제 당국, 세무 당국, 회사개선협회(BBB), 기타 비정부단체와의 관계
- 최근 언론 매체가 다룬 긍정적 내용과 부정적 내용 또는 논쟁의 대상이 된 이슈와의 관련성

대기업이건 중소기업이건 공익마케팅을 추진하기로 결정한 다음, 그 대상이 되는 구체적인 공익 사업을 선정할 때 다양한 요소의 영향을 받는다. 한편 사람마다 취향이 다르기 때문에 팀이나 위원회를 만들 필요가 있으며, 여기에는 최고재무책임자(CFO)를 비롯해 3명 정도의 이사를 포함시켜야 한다. 위원회가 구성되면 경영관리팀이 광고대행사의 회사소개서와 프리젠테이션을 검토하듯이 공익마케팅 프로그램에 적합하다고 생각되는 파트너 후보 단체들을 비교하며 평가한다. 각 단체의 물적·인적 자원, 재정적 안정성, 평판과 정직성, 운영 구조와 역량, 영향력과 신뢰성, 우선 순위, 성과, 일단 공익마케팅 프로그램이 시작되면 회사와 비영리단체 또는 공익 사업 모두를 대표하게 될 사람의 자질 등을 비교하며 평가한다.

특히 파트너 단체에 대해 논리적이고 현실적으로 생각해야 한다. 첨단 기술 기업이 교육 및 훈련 기회 제공을 목적으로 하는 단체와 파트너십을 형성하는 것은 타당하게 보일 수 있다. 식

품 회사가 기아 퇴치 운동에 참여하는 것도 논리적으로 타당한 선택이다. 다양한 사람에게 영향을 주며 파급 효과도 큰 이슈가 많이 있으므로, 기업들은 선택의 여지가 넓다고 볼 수 있다. 그러나 분명히 더 타당하고 합리적인 파트너십이 있다.

적합한 파트너십과 부적절한 파트너십 사례. 예를 들어 AIDS 치료법 연구 개발을 지원하는 기업은 인도주의적이며 사회적 책임을 다하는 회사로 생각될 수 있다. 특히 시장 조사를 통해 그 회사의 고객 기반에 AIDS에 걸릴 위험성이 큰 집단이 포함되어 있는 것으로 나타난다면 더 효과적이다.

반면 세계적인 의류 제조 및 판매 업체가 막대한 돈을 들여 사형을 반대하는 대규모 캠페인을 벌이는 것은 논리적으로 쉽게 수긍되지 않는다. 스웨터 제품으로 특히 유명한 이 회사는 각종 언론 매체를 활용하여 세계 각지의 감옥에 갇혀 죽음을 기다리고 있는 죄수들의 음산한 이미지를 보여 주었다. 이 캠페인이 시작되자 시장과 언론 모두 큰소리로 "뭐야?" 하는 반응을 보였다.

분명히 모든 기업은 중요한 사회적 이슈에 대해 어떤 입장을 취할 권리(때로는 의무라고 주장하는 사람도 있다)를 갖고 있다. 그러나 사형 제도 폐지 캠페인의 실행 방법은 세련되지 못했으며 사람들의 공감과 참여를 끌어내지도 못했다. 그 회사와 브랜드와 제품은 한쪽으로 밀려나 사형 제도 폐지라는 주제와 분리되어 버렸다. 사람들은 고가의 스웨터와 유죄 판결을 받은 범죄자의 사형 사이에 무슨 관계가 있느냐고 물었다. 더욱 중요한 것은,

이 회사가 사형 제도 폐지라는 독특한 주제를 선택한 이유를 분명하게 설명하지 못했으며, 더 나아가 사형 제도 폐지 캠페인이 가져왔을 효과도 적절하게 활용하지 못했다는 점이다.

회사로서는 사형 제도의 도덕성과 정당성에 대한 진지하고 의미 있는 토론을 이끌어내고자 하는 의도가 있었는지 모르지만, 결국은 스웨터 회사가 마케팅을 하면서 사형 제도를 들고 나온 이유가 무엇인지에 대한 논의를 촉발시켰다. 일 년이 지난 시점에도 사람들은 계속 물었다. "그 회사는 무슨 생각에서 그랬을까?" 이 질문에 대해 아무도 대답하지 못했지만, 스웨터 매출은 계속 하락했다.

공익마케팅 캠페인은 다른 일반적인 마케팅 캠페인과 마찬가지로 목표 시장의 소비자가 더 빨리, 더 쉽게 메시지를 알아볼수록 더 효과적으로 성공을 거둘 가능성이 높다는 사실을 염두에 두어야 한다.

공익마케팅 캠페인의 파트너들은 함께 캠페인 계획을 짜고 실행해야 한다. 그렇기 때문에 참여자의 자질이 중요한 것이다. 함께 의견을 조율하며 계획을 수립하고 책임 관계를 분명하게 하지 않으면, 한 파트너가 상대방의 이름과 명성을 빌리고 그 대가로 돈을 대는 수준에 머무르는 것처럼 보일 수 있다.

어떤 유명한 다국적기업은 막대한 자금을 투자하여 TV 시리즈와 인쇄물 광고를 통해 좋은 일을 많이 하고 있다고 선전했다. 그러나 조사 결과 그 회사는 좋은 일을 실제로 하는 많은 비영리 단체와 관계를 맺고는 있지만, 그 회사의 역할은 그런 단체에 기부금을 내는 수준에 불과하다는 사실이 밝혀졌다. 경우에 따라서는 현금 대신 제품을 기부하기도 했다.

돈과 제품 기부가 중요하기는 하지만, 그 회사는 실제로 하지도 않은 일을 한다고 광고하며 칭찬을 받으려 했던 것이다. 단순히 수표를 끊어주면서 그 회사가 참여하기 오래 전부터 좋은 일을 많이 한 다른 단체가 한 일에 회사 이름과 로고를 끼워 넣어 마치 자기가 한 것처럼 보이려 했다. 회사가 자금을 지원한 단체나 공익 사업의 성과를 선전하는 광고를 내보냄으로써, 그 회사는 관심을 갖고 있는 특정 사회적 이슈나 공익 사업과 자신을 연계시키지 않고 '모두를 위한 좋은 일' 방식으로 돈을 사방에 뿌린 것이다. 마지막으로, 돈이나 제품을 기부 받아 그 회사의 혜택을 본 많은 뜻깊은 공익 사업들도 설립 취지가 그 회사의 대표 제품과는 전혀 어울리지 않는 단체들이 추진한 것이었다. 이 회사는 그런 관계를 통해 무엇을 얻었을까?

스스로도 인정하듯이, '인체에 위험한' 제품을 만들고 판매하는 회사가 인류의 건강과 행복을 위해 노력하는 단체와 파트너십을 맺어 이미지 개선을 얻는 것은 거의 불가능하다.

공익마케팅 파트너를 선정할 때 논리적이어야 한다는 것은 어떤 회사와 비영리단체가 파트너 관계에 있다는 사실을 일반 대중이 받아들이는 데 전혀 어려움이 없어야 한다는 의미이다. 사람들이 쉽게 수긍하지 못하는 파트너십은 시간과 돈의 낭비에 불과하며, 관계된 모든 당사자의 명성을 훼손시킬 수도 있다.

역할 분담

파트너 대상을 신중하게 평가하고 수 차례의 회의를 통해 어떤 단체가 공익마케팅 파트너로서 적당하다는 판단이 서면, 공익마케팅 프로그램의 세부 항목별로 누가 어떤 역할과 책임을 맡아 할 것인지 결정해야 한다. 파트너십을 통해 혜택을 보고자 하는 파트너가 둘 이상인 경우에는 효과적이고 효율적인 관리가 더욱 중요하다.

외형적 측면도 중요하다. 회사는 돈을 갖고 있으며 가치 있는 목적을 추구하는 어떤 공익 사업과 자신을 연계시키고 싶어하고, 비영리단체는 그 사업을 추진할 의지와 경험과 전문성과 지식을 갖고 있다. 그런 단체는 공익 사업에 대해 거의 알지 못하는 회사측 인물이 책임 있는 자리에 앉게 하고 싶지 않을 것이다. 그렇게 된다면 그 동안 쌓아온 단체의 명성을 훼손시키는 일종의 배신 행위로 보일 수 있기 때문이다. 하지만 회사측으로서도 단순한 자금 제공 이외의 아무런 역할도 맡지 않는다면, 회사의 이미지와 연계시키고 싶은 그 활동에 대해 거의 알지도 못하고, 하는 일도 없다는 인상을 줄 위험이 있다.

파트너십이 필요하며 회사와 비영리단체 모두 상호 존중의 자세를 갖추어야 한다는 점을 생각하면, 가장 손쉬운 해결책은 양측의 인물로 구성된 이사회 같은 조직을 만드는 것이다. 다음에는 이사회가 신뢰할 수 있는 중립적인 인물들로 실무진을 구성하는데, 이 때 실무진은 완전히 새로 뽑거나 양측에서 파견한 인물들로 채울 수 있다.

중소기업이나 지방의 소규모 비영리단체와 같이, 기업의 정책과 대중적 이미지가 그리 뚜렷하지 않은 상황에서는 실무진이 공익마케팅 프로그램을 관리하는 방식이 더 적절할 수 있지만, 회사측 대표자는 단순한 연락관의 역할 이상을 해야 한다. 회사와 회사의 전체 직원, 기타 이해관계자를 대표하기 위해, 회사에서 파견한 대표자는 구체적인 역할을 맡고 적극 참여하며 책임을 져야 한다.

공익마케팅의 형식과 내용은 오랫동안 발전하여 왔으며, 이제는 한 파트너가 완벽한 무책임을 주장하거나 "실제 운영에는 관여하지 않는다"고 말하는 일이 용납되지 않는 단계에 이르렀다. 따라서 양측의 이해관계자와 후원자 모두로부터 전폭적인 신뢰를 확보하기 위해서는 적극적인 참여가 필요하다.

한편 공익마케팅 프로그램의 목적을 명확하게 문서로 작성해야 한다. 각각의 역할 분담 역시 문서로 작성해야 하며, 회의 결과도 기록으로 남겨야 한다. 너무 지나친 느낌이 들기는 하지만, 대부분의 사람은 무엇을 말했고 무엇을 합의했는지 정확히 기억하지 못하며, 어떤 하나의 사안에 대해서도 다른 생각을 갖고 있을 수 있다. 목적과 목표, 역할 분담 등을 문서로 명확히 하면 모든 사람이 공통의 인식을 갖고 일을 추진할 수 있으며, 불필요한 혼란과 오해를 최소화할 수 있다.

공익마케팅 프로그램을 추진할 때 단계별로 신뢰성 있는 최신의 연구 조사가 중요하다는 것은 아무리 강조해도 부족함이 없다. 기업의 여러 구성 그룹과 일반 대중이 그 회사를 어떻게 생각하고 있는지 조사하고 평가하는 작업을 생략한 상태로 공익 마케팅을 계속 추진하는 것은 맨몸으로 바다에 뛰어드는 것과 같다.

공익마케팅 파트너에 대한 인식과 두 파트너가 어떻게 상호 보완적인 역할을 할지는 중요한 부분이다. 이런 부분에 대한 명확한 정보와 판단 없이 추진하는 공익마케팅 프로그램은 모래 위에 집을 짓는 것과 같다. 시장의 소리를 귀기울여 듣는 것이 효과적이고 성공적인 기획과 파트너십 구축의 지름길이다.

- 연구 조사는 모든 마케팅 계획의 필수 부분이며, 공익마케팅 계획의 경우에 특히 그렇다.

- 마케팅 계획을 수립하고 실행하기에 앞서, 회사와 비영리단체를 일반 대중, 규제당국, 동종 업계의 다른 사람들, 투자자, 언론매체, 기타 이해관계자들이 어떻게 인식하고 있는지 가능한 많이 알아내야 한다.

- 공익마케팅 프로그램을 함께 추진하는 파트너들은 각자의 목표를 추구하되 공통의 목표도 동등하게 추구해야 한다.

- 공익마케팅 파트너를 선정할 때는 회사의 문화, 역량, 배경과 부합하며 회사가 무엇을 필요로 하는지 이해하는 단체를 찾아야 한다.

- 성공적인 캠페인은 시장의 다른 부분을 배제하거나 소외시키지 않으면서도 특정 목표 대상에게 호소력을 발휘하며 다가가는 것이다.

- 공익마케팅 파트너의 선정은 논리적으로 타당해야 한다. 일반 대중이나 이해관계자에게 파트너십의 정당성을 애써 이해시켜야 한다면, 그런 파트너십은 문제가 있다.

- 공익마케팅 프로그램의 평가 기준을 만들어야 한다.

- 위원회나 특별팀을 구성하여 객관적인 평가를 통해 파트너를 선정한다.

- 광고대행사를 선정하기 위해 여러 업체의 프리젠테이션을 검토하듯이, 기준을 정하고 가능성 있는 여러 공익 활동을 살펴보아야 한다.

- 파트너를 평가할 때는 물적·인적 자원, 재정적 안정성, 정직성, 역량, 신뢰성, 영향력, 상대방 구성원의 자질을 검토해야 한다.

▨ 공익마케팅 파트너는 함께 계획을 수립하고 실천하며, 역할을 명확
하게 구분해야 한다.

▨ 계획과 할 일을 명확히 문서로 남기고, 파트너십의 목적과 목표, 역
할 분담을 항상 생각하면서 프로그램을 실행에 옮긴다.

제3장

회사, 공익 사업, 지역 사회 그리고 세계

창의적인 아이디어로 고른 혜택을

전 세계를 활동 무대이자 시장으로 삼고 있는 글로벌 기업이라면 규모나 의미 측면에서 범세계적인 공익 사업에 관여하는 것이 타당하다고 볼 수 있다. 로날드 맥도날드 하우스(Ronald McDonald House)는 세계적인 패스트푸드 업체가 세운 사회 봉사 단체로서, 병원에서 치료받는 아이들 옆에 있기를 원하는 가족들을 위한 안식처이다.

상대적으로 규모가 작은 회사가 지구 반대편의 사람들을 돕는 사업에 나선다면 터무니없어 보일지도 모르지만, 때에 따라서는 그렇지 않을 수도 있다.

TV 뉴스와 잡지에는 기아와 홍수, 지진, 전쟁으로 인해 집도 없이 버려지고 누군가가 어떤 식으로든 도움을 주지 않으면 아무 희망도 없이 죽어갈 아이들에 대한 이야기가 많이 나온다. 공익마케팅은 구체적이고 실질적으로 어려운 처지에 놓인 사람들을 돕고, 좋은 일을 한 사람에게 다시 혜택이 돌아가는 것이다. 미국 대외원조물자발송협회(CARE), 유니세프, 국제 적십자, 기타 무수히 많은 단체들이 국경을 초월하여 많은 기업과 개인에게 이 세계를 하나의 지구촌으로 보고 도움을 달라고 호소한다.

하지만 지구 저편에서 벌어지는 비극에 비하면 자신들의 요구는 별것도 아니라고 말할 수 있는 커뮤니티는 아무도 없을 것이다. 기아, 빈곤, 문맹, 치명적인 질병은 가난한 제3세계 국가만의 문제가 아니다. 가능하면 많은 사람이 혜택을 볼 수 있는 곳이 어디이고, 동시에 비즈니스와 관계 있는 사람들이 그러한 지원의 노력을 인정하고 좋은 이미지를 가지게 될 부분이 어디인지 파악해야 한다.

기업의 자원은 제한되어 있으므로, 다른 회사의 기부금과 함께 합쳐져 더 큰 일을 하는 데 쓰일 수 있는 전국적인 단체(또는 적어도 전국적인 단체의 지부)에 기부하는 것이 가장 좋다. 뉴잉글랜드의 작은 아이스크림 회사가 열대 우림을 모두 살릴 수 있겠는가? 매출액의 일정 부분을 열대 우림 보호를 목적으로 설립된 단체에 기부한다면 그렇게 할 수 있다. 지역 사회의 노숙자나 학대받는 여성과 어린이를 위한 안식처 마련에 자금을 지원한다면, 전체 사회 차원의 큰 문화적 이슈를 지역 차원에서 해결하기 위해 노력하는 모습으로 보이게 된다.

가치 있는 공익 활동이 많이 있지만, 제한된 자원을 효과적으로 사회를 위해 쓰기 위해서는 ① 회사의 비즈니스 특성과 활동 지역에 적합하고, ② 회사의 이해관계자가 관심을 보이며, ③ 회사의 입장과 목적에 부합하는 것을 선택해야 한다.

공익마케팅 프로그램을 함께 추진할 파트너를 선정한 다음에도 프로그램을 실행하기에 앞서 해결해야 할 과제가 많이 있다. 누가 무엇을 어떻게 하는가와 같은 기술적인 문제도 있고, 각종 물적 자원의 소유권과 지급 책임 등 법적 문제도 있다. 이 외에도 프로그램의 적용 범위도 정해야 한다.

일정 기간 동안 추진하는 하나의 프로젝트를 대상으로 하는 경우에도, 파트너십 계약은 아주 복잡할 수 있다. 규제, 기준, 법률 등이 도시와 지역별로 다를 수 있다. 또한 인터넷을 정보의 공유와 홍보 도구로 활용할 수 있지만, '국경 없는 세상'은 무한한 기회가 될 수도 있고 위험한 지뢰밭이 될 수도 있다.

매사추세츠 주 하원의원이었던 토마스 P. "팁" 오닐은 "모든 정치는 지역적이다"라는 말을 유행시킨 인물로 유명하다. 이 말은 아무리 높은 지위(대통령, 상원의원, UN 사무총장)라 하더라도 한 사람의 유권자는 그 지위를 맡는 사람이 앞으로 자신에게 어떤 혜택을 줄 것인지를 가장 먼저 생각한다는 의미라고 볼 수 있다. 즉, 큰 야망을 마음에 담아두고 있더라도 지역 유권자의 관심사를 이해하고 한 번에 한 사람씩 유권자를 설득하여 과반수 이상을 확보할 수 있어야 진정한 정치인이라는 것이다. 마케팅에서도 같은 말을 할 수 있다.

세계 각지의 지지자, 투자자, 고객을 확보한 강력한 힘을 발휘하는 기업, 단체, 브랜드는 한 번에 한 사람씩 고객, 기부자,

물건의 판매를 늘려가야 지지와 시장점유율을 높일 수 있다.

공익마케팅을 추진하는 기업과 비영리단체 파트너는 핵심 활동 영역을 결정해야 한다. 앞으로 벌일 공익 사업이 지역적인가? 달리 말하면, 특정 도시 또는 특정 지역 사회를 대상으로 하는가? 아니면 전국적인가? 세계를 대상으로 하는가? 대상 범위를 어떻게 정하건, 기업 경영자는 오닐 의원의 충고를 가슴에 되새기면서 전체 이해관계자 개개인에게 회사의 (그리고 공익 사업의) 메시지를 효과적으로 전달해야 할 필요성과 그 가치를 이해해야 한다.

사람들은 누가 좋은 이웃이고 누가 나쁜 이웃인지 잘 알고 있다. 비즈니스에서도 하늘을 목표로 하는 것이 좋지만, 이 땅에서 그리고 가장 중요하게는 회사 내부에서 무슨 일이 벌어지고 있는지 아는 것이 비즈니스와 마케팅의 기본이다.

내부로부터의 시작

기업이 검토 대상으로 선정한 공익 사업은 거의 대부분 감정적인 이슈이며, 감정은 지극히 개인적이다. 단적으로 경영자의 개인적 취향에 따른 선택에 대해 회사 내부의 어느 누구도 동의하지 않지만, 단지 공개적으로 그런 생각을 말하지 않는 경우도 있을 수 있다. 내부의 동의가 없으면 내부의 지지도 없다. 게다가 그러한 현상을 조기에 해결하지 못하면 치명적인 결과를 낳을 수 있으며, 공익 프로그램 자체를 훼손시키거나 방해할 수도 있다.

따라서 공익마케팅 프로그램 추진 결정에 대한 모든 경영진과 직원들의 전폭적인 지지는 성공의 필수 요소이다. 일반적인 광고, 홍보, 마케팅과 마찬가지로, 전반적으로 실질적인 영향력을 발휘하는 사람들이 그 가치를 인정하지 않고 적극적이지 않으면 공익마케팅은 원하는 성과를 얻을 수 없다.

광고 내용을 이해하지 못했지만 효과가 있어 기뻤다고 말하는 CEO에 대한 이야기가 많다. 심지어 광고의 효과를 믿지 않았다고 말하는 CEO도 있다. 광고대행사가 아무리 많은 연구 조사를 실시하고 데이터를 제시해도 그런 CEO의 마음을 돌리지는 못한다. 그러나 공익마케팅은 '믿음'이 핵심 요소라는 점에서 차이가 있다. 공익마케팅의 취지와 의미를 내부인에게 확신시키지 못하는 기업은 외부인도 확신시킬 수 없다.

경영자는 직원들의 적극적인 참여를 위해 동기를 부여하고 모든 부서의 직원과 의사결정자들에게 공익마케팅 프로그램을 널리 알리며 회사 내외의 모든 이해관계자와 해당 공익 활동의 기존 지지자들에게 프로그램의 가치를 홍보해야 한다. 어마어마한 일일 수 있지만, 공익마케팅의 성공을 위해서는 필수적이다.

BSR의 '공익마케팅 파트너십 가이드라인(cause-related marketing partnership guidelines)'에 따르면, 공익마케팅 계획을 모든 관련자가 분명하게 알고 이해해야 한다. 각 파트너의 내부가 적절하게 가동되지 않으면 아무리 치밀하게 프로그램을 계획하고 추진하더라도 성공할 수 없다. 따라서 공익마케팅 프로그램의 효과적이고 성공적인 추진을 위해서는 계획에서 다루고 있는 내용이 명확해야 한다.

프로그램의 규정

성공적인 공익마케팅을 위해서는 실행에 앞서 철저한 연구조사를 거쳐 도출한 아이디어에서 출발해야 한다. 큰 성과를 거둔 다양한 공익마케팅 사례를 분석해 보면, 공익마케팅을 통해 얻고자 하는 혜택을 명확하게 규정한 메시지에서 출발했다는 사실을 알 수 있다. 공익마케팅 프로그램을 계획할 때는 다음 사항을 검토해야 한다.

- 창의적인 아이디어
- 비즈니스와 해당 공익 사업 모두를 위한 균형 잡힌 혜택
- 관련 제품과 서비스의 범위
- 일정
- 역할 분담
- 공익마케팅 프로그램의 목적과 목표가 현재의 시장 상황에서 현실적이고 달성 가능한지 여부
- 커뮤니케이션 메시지와 전략
- 프로그램 평가 방법
- 프로그램의 확대 및 종결 방법

리스크 평가

비즈니스 관계와 마찬가지로 공익마케팅 프로그램 또한 파트너 모두에게 혜택을 줄 수 있지만, 반면에 리스크만 안겨줄 가능성도 있다. 최악의 시나리오를 가정하여 가능한 모든 리스크 요소를 철저하고 신중하게 평가하는 작업이 필요하다. BSR이 '5대 핵심 리스크 요소'로 정리한 다음 사항을 검토하고 평가한다.

- 명성
- 내부 방침과 절차
- 법적 문제
- 자원 배분
- 물류

공익마케팅 프로그램의 가치 요소

공익마케팅 프로그램에 대한 모든 회사 임직원의 분명한 이해와 공유가 프로그램의 성공 여부를 결정짓는 중요한 요소이다. 공익마케팅 프로그램은 다음 사항을 포함하여 분명하게 구분되는 '가치 요소(value elements)'를 갖고 있어야 한다.

- 비즈니스 전반에 걸친 혜택
- 지역 사회 전반에 걸친 혜택
- 인식 제고
- 명성 제고

- 신입 사원 모집과 근무 환경에 미치는 영향
- 제품 또는 서비스 차별화
- 강력한 홍보 메시지

파트너 사이의 계약 조항 협상, 마케팅 계획 수립, 직원 및 기타 이해관계자를 대상으로 한 프로그램 내용의 전달 시에 공익마케팅 프로그램의 가치를 부가시키는 데 영향을 주는 모든 사항을 핵심 인물들이 충분히 이해하고 있어야 한다. 공익마케팅 프로그램에 대한 관심이 크면 회사와 비영리단체 모두에 대한 인식과 이미지를 높일 수 있으며, 그렇게 되면 더 많은 자원과 후원자를 끌어낼 가능성도 크다.

파트너 사이에 계약서를 만들 때 민간 기업과 비영리단체 모두 관련 법규를 준수한다는 의무 조항이 포함되도록 하라고 BSR은 권고한다. 미국의 경우에 주(州)와 지방 정부마다 자금 모집과 스폰서십 등록 기준이 다르다. 기업과 비영리단체가 파트너로서 함께 사업을 추진하는 경우에는 계약서를 반드시 작성하도록 요구하는 주도 많다. 또한 주마다 구체적인 기준이 조금씩 다를 수 있으므로, 계약서 최종안을 만들기 전에 법적 사항을 충분히 조사할 필요가 있다. 기본적으로 특정 지역 사회에서 하나의 공익마케팅 활동을 위해서는 하나의 계약서가 필요하다. 그러나 법적 기준(특히 등록 관련 기준 및 기타 관련 법규)이 서로 다른 여러 주로 프로그램을 확대시키는 경우에는 별도의 계약서가 필요할 수도 있다.

공익마케팅 프로그램을 더욱 확대시켜 다른 나라까지 활동 대상으로 삼는 경우에도 모든 관련 법규를 조사하고 그에 맞추어 계약서를 작성해야 한다. 나라별로 공익 사업 관련 법규가 다르며, 특히 비영리단체가 영리 기업으로부터 자금을 지원 받는 부분에 있어서는 많은 차이가 있다.

계약서에는 모든 법적·재정적 문제와 업무 분담 부분을 명시해야 한다. 공익마케팅 프로그램의 목적, 프로그램 운영 방식 (상시 운영 또는 특정 계절이나 행사에 국한시킨 운영), 향후 프로그램에 대한 권리 소유 문제, 상표와 도안의 관리 같은 문제들은 상대적으로 수월한 편에 속한다. 하지만 간단한 부분이라도 분명하게 해놓지 않으면 많은 문제가 발생할 수도 있다.

공익마케팅 프로그램은 기업과 비영리단체가 좋은 일을 벌이겠다고 선포하고 그에 필요한 모금 활동을 벌이며 언론 매체에 소개되면서 요란한 찬사를 받는 것 이상이어야 한다.

파트너 사이에는 다음 사항이 문서로서 명시되어 있어야 한다.

- 파트너십의 주된 목적
- 공급업체, 에이전시, 기타 제3자 또는 하청업체를 포함하여 계약서의 구속을 받는 모든 당사자의 명칭
- 각 단계별로 관여하는 모든 사람의 역할과 책임
- 계약 기간
- 일정과 예정된 활동 또는 미정의 활동

- 지적재산권을 포함한 자산의 상태와 소유권
- 로고, 명칭, 도안, 슬로건, 출판물, 사진, 기타 이와 유사한 것들의 사용과 소유에 관한 합의 사항
- 광고문, 사진, 로고, 테마 등등의 승인 절차
- 조직표, 업무 보고 등에 필요한 양식
- 자금 조달 및 자원 관리와 관련한 세부 사항
- 지급 방법 및 일정
- 평가 계획 및 이의 시행을 위한 세부 사항
- 계약의 연장 또는 해지 관련 조항
- 다른 시장 영역으로의 확대 방법

또한 계약서에 '최소 보장(minimum guarantees)' 관련 조항이 포함될 수 있다. 예를 들어 자금 조달 및 서비스 제공과 관련하여 최소 수준의 보장을 파트너 당사자들이 합의하는 것이다. 파트너십과 공익마케팅 프로그램마다 특색이 있지만, 대부분의 경우에 공통적으로 고려해야 할 사항들이 분명히 있다.

일반적으로 기업 파트너는 일정한 범위 이내에서 비영리단체 파트너가 지불해야 할 비용의 처리를 합의한다. 또한 프로그램 성과가 목표나 기대 수준을 넘어섰을 때의 자금 배분 및 관리 책임과 초과 예산의 처리 방법 같은 문제도 계약서에 분명히 해두는 것이 중요하다.

배타성의 문제

계약서에 추진 단계와 프로그램 지속 기간 전체에 걸쳐 배타성(exclusivity)의 문제를 명확히 하는 것이 아주 중요하다. 기업체와 파트너십을 맺고 있는 비영리단체가 다른 기업체와 또 다른 파트너십을 체결할 수 있는지 여부를 명확히 해둘 필요가 있으며, 다른 기업체와 파트너십 체결을 허용한다면 허용의 조건과 제한 범위도 구체적으로 정해 두어야 한다. 마찬가지로 파트너십 관계에 있는 기업체가 다른 비영리단체와 또 다른 파트너십을 구성할 수 있는지 여부와 그럴 경우에 기업체의 마케팅 활동에서 우선권을 갖는 단체가 누구인지 미리 규정해야 한다.
이와 관련하여 다음 사항을 검토할 필요가 있다.

● 기간 제한 및 제약 사항
● 일체의 모든 파트너십을 맺거나 맺을 수 없는 지역 구분
● 특정 제품 카테고리, 공익 사업 분야, 업종과 관련한 제약 또는 제한 사항
● 관련 활동의 유형

'이해의 충돌' 개념에 대한 기업체의 인식이 아주 높기 때문에 과거와 달리 '배타성의 문제'는 그렇게 간단하지 않다. 동일인이 같은 카테고리에 속하는 두 종류의 제품을 대변한다는 것은 보기에도 적절하지 않고 마케팅 측면에서도 문제가 있다. 경

쟁 관계에 있는 두 업체 또는 두 브랜드가 동일한 공익 프로그램에 참여하면 어떻게 보이겠는가?

간단히 말해 그렇게 하는 것은 합리적이지 않다. 가장 효과적인 파트너십은 일반 대중이 서로 연계시켜 인식할 수 있는 기업체 하나와 비영리단체 하나가 맺는 관계이다. 하지만 중요도와 인지도가 높은 사회적 이슈나 공익 사업의 경우에는 비배타적 관계가 일반화되고 있는 것이 현실이다.

일례로 벤앤제리(Ben & Jerry's) 아이스크림은 오랫동안 열대 우림 보호와 환경 문제에 관심이 많은 기업으로 인식되어 왔다. 그러나 이 회사가 교육 사업도 지원하겠다는 발표를 해도 기업의 이미지와 완전히 일치하며, 이 회사를 사회적 책임을 다하는 기업으로 인식하고 있는 벤앤제리의 핵심 그룹도 만족시킬 것이다. 그러나 이 발표에 그 동안 벤앤제리의 재정 지원을 받아왔던 환경 단체들이 반발할 수도 있다. 공익마케팅 활동 범위를 확대함에 따라 환경 분야에 대한 관심과 지원이 줄어들 수 있기 때문이다.

한편 벤앤제리 고객들은 그런 조치를 좋은 일을 함으로써 더욱 발전하고자 하는 회사의 철학을 잘 보여 주는 것으로 바라볼 것인가, 아니면 지금까지 추진해왔던 환경 분야에 대한 지원을 감소시키기 위한 조치의 일환이라는 숨겨진 의도가 있는 것으로 생각할 것인가? 계약서에 구체적인 조항이 있었다면, 파트너십 관계에 있는 당사자들은 서로에 대한 기대 수준을 미리 알고 있을 것이므로 불필요한 오해나 마찰을 피할 수 있다.

배타적 파트너십이 가장 일반적이지만, 예외적인 경우도 찾아볼 수 있다. 〈근위축증 환자를 돕기 위한 TV 특별 생방송〉에서 단 하루 동안 모금한 액수는 여러 소매업체가 1년 내내 모은 것보다 더 많다. 그런데 이 소매업체들은 동일 시장에서 경쟁 관계에 있을 뿐만 아니라, 때로는 같은 쇼핑 센터에 입주한 업체들이기도 하다.

AIDS 연구 자금 확보를 위한 대규모 이벤트나 재난 희생자 가족을 돕기 위한 콘서트도 많은 스폰서의 관심을 끌게 마련이며, 때로는 동일 업계에 속하는 많은 기업들이 나서기도 하고 다른 공익 사업에 관심을 쏟았던 기업들이 참여하는 경우도 있다. 그런 경우에 기업체는 사회적으로 주목받는 이슈나 공익 활동에 경쟁업체보다 관심도가 적은 것처럼 보이기보다는 수많은 경쟁업체들 사이에 기꺼이 자기 이름도 올려놓으려 하는 것이다.

참여 또는 불참에 따른 마케팅 차원의 가치는 별개로 생각할 수 있지만, 기업과 비영리단체 사이에 구체적인 파트너십 계약을 체결하여 두면 오해나 나쁜 감정을 미연에 방지할 수 있다.

프로그램 관리

계약이 중요하듯이, 프로그램 실행 과정을 누가 책임질 것인지 확실하게 해두는 것도 중요하다. 아무리 강력한 파트너십과 훌륭한 아이디어라 해도 올바로 관리되지 못하면 별다른 성과를 얻지 못한다.

BSR은 프로젝트 관리 차원에서 다음 사항을 검토해야 한다고 권고한다.

- 업무 범위와 프로그램 추진 일정
- 담당자
- 예산
- 의사결정 과정
- 각종 업무의 역할 분담
- 커뮤니케이션 절차
- 성공의 기준과 평가 절차

공익마케팅 프로그램의 규모와 범위에 따라 실무자 한 명이 전담하거나 팀을 구성하는 경우도 있고, 매니저를 새로 고용할 수도 있으며, 그런 프로그램 관리를 전문으로 하는 외부 업체에 맡기기도 한다. 공익마케팅에 대한 관심이 계속 높아짐에 따라, 그 분야의 전문가를 자처하는 기업들도 늘어나고 있다. 그러나 이벤트 매니저와 프로그램 매니저의 차이를 명확히 알아야 한다. 설치 기사, 운전사, 진행자, 음악가, 서비스 인력, 사운드 시스템, 교통 정리 등을 관리하는 수준의 회사가 언론 매체 상대, 자원봉사자 관리, 출장 업무 처리, 다양한 업무를 책임지는 수많은 실무 인력 운영, 자금 확보, 회계나 법적 문제 처리 등을 할 수 있는 자격도 갖추었다고 생각할 수는 없다.

로스앤젤레스의 팔로타 팀웍스는 2001년에만 모금 행사를 약 27건이나 주최하고 관리한 경력이 있지만, 스스로를 모금 전문 회사나 이벤트 매니저 업체로 규정짓기를 거부한다. 이 회사는 여러 단체와 함께 업무 지도, 훈련, 모금 활동, 인력 지원, 교통 정리 등 다양한 서비스를 제공한다.

이런 종류의 컨설팅·교육·지원 회사는 매니저 입장에서 효율적이고 유용한 자원이 될 수 있지만, 그런 회사를 활용하는 것이 프로그램의 일상적인 활동과 업무의 핵심 부분을 처리하는 매니저를 대체할 수는 없다. 공익마케팅 프로그램과 파트너십에 일반적으로 필요한 허가·신고 업무의 중요성과 내외의 커뮤니케이션을 효과적으로 관리하고 조정할 필요성을 생각하면, 경영 능력과 경험, 외부 자원의 활용과 관리 능력을 지닌 사람에게 프로그램 관리를 맡기는 것이 바람직하다.

커뮤니케이션 기술

회사에 적합한 공익 사업을 선정하고 비전을 공유하며 목적 달성을 위해 함께 일할 수 있는 비영리단체와 파트너십을 형성한 다음에는, 이 결정과 공익 활동의 중요성을 반영하여 전후 사정을 공식적으로 발표하는 커뮤니케이션 작업이 이루어져야 한다. 그것은 단순히 홍보 차원에서 보도 자료에 언급하는 수준으로 처리하기에는 비중이 큰 마케팅 활동이며, 따라서 회사 제품과 서비스의 포장재, 가격 구조, 판매 활동 등 모든 부분에 반영시켜야 한다.

공익마케팅 프로그램 추진과 파트너십 구축 발표

공익마케팅 프로그램 추진과 파트너십 구축 사실의 발표를 중요한 이벤트 기회로 삼아야 한다. 대부분의 사람이 가까운 이들과 함께 좋은 일을 나누려 하듯이, 공익마케팅 파트너십 구축 사실을 먼저 회사 직원과 모든 이해관계자에게 알려야 한다. 다음 12단계를 참고하는 것도 도움이 된다.

1단계 : 주주 또는 투자자에게 편지를 보내 파트너십 구축을 자랑스럽게 생각하며 열정적으로 추진할 것과 앞으로 예상되는 혜택을 간단하게 요약하여 설명한다.

2단계 : 가능하면 모든 직원이 참여하는 회의를 소집한다. 아니면 부서나 지점별로 책임자가 회의를 소집하여 파트너십 구축 사실을 발표하고 앞으로 예상되는 혜택을 자세하게 설명한다.

3단계 : 대외적인 공식 발표를 먼저 하는 경우에도, 공식 발표 즉시 또는 동시에 내부 발표를 해야 한다. 회사 직원과 투자자들이 신문에서 파트너십 구축 소식을 알게 하지 말아야 한다. 이웃 사람이나 신문 기자들이 직원들에게 파트너십에 대해 물어볼 수 있으므로, 직원들이 공익마케팅 프로그램을 정확히 이해하고 숙지하여 적절한 대답을 할 수 있어야 한다.

4단계 : 내부 회의가 불가능한 상황에서는 공식 발표를 하기 전이나 동시에 공문 또는 전자우편을 직원들에게 보낸다. 회사 외부 사람들이 알기 전에 먼저 알도록 하는 것이 중요하다. 공식 발표 이후에 그런 프로그램이 있다는 사실을 다른 경로를 통해 알게 되면, 일부 직원은 경영진의 생각을 부정적으로 바라볼 수 있다. 또한 직원들의 전폭적인 지지를 이끌어낼 소중한 기회가 사라지게 된다.

5단계 : 공익마케팅 프로그램 직원 대표를 선정하여 질문에 대답하고 정보를 유포하며, 관련 자료와 기념 단추, 범퍼 스티커, 티셔츠, 넥타이핀, 스티커, 기타 홍보 물품을 나누어주도록 한다.

6단계 : 공익마케팅 프로그램의 진행 상황을 직원들에게 전달하고 관심을 계속 갖도록 하기 위해 소식지를 발행한다.

7단계 : 공식 발표를 할 때 많은 기업이 기자 회견을 먼저 생각한다. 현대의 정보 통신 사회에서 국방부나 마이크로소프트, 디즈니 같은 곳이 아니라면 거창한 기자 회견은 적절하지 않다. 기자들이 참석할 가능성도 적고, 발표와 관련된 보도 자료만 요청하는 경우도 많다.

기자 회견보다 더 적당한 방법이 동영상 보도 자료 배포이다. 프리젠테이션 효과도 더 크고 필요한 사람에게 쉽게 발송할 수 있다. 신문이나 잡지 같은 곳은 파트너 관계를 맺은 단체에 관한 배경 정보, 사진, 기타 관련 자료를 인쇄물로 받고자 한다.

일정 기간 동안 기업체와 비영리단체 대표자는 외부 문의 전화를 직접 받아 질문에 답변하고 필요한 설명을 하도록 한다.

8단계 : 기업체와 비영리단체가 공동 발표를 해야 하지만, 대변인 한 명을 정하여 질문에 답하고 인터뷰를 하고 필요한 정보와 자료를 제공한다.

9단계 : 메시지의 내용과 강도, 스타일을 검토한다. 회사와 비영리단체, 앞으로 추진할 공익 사업에 대한 필요한 정보와 의도한 내용이 정확히 반영되어 있는가?

10단계 : BSR의 연구 조사 결과에 따르면, 메시지가 적절하고 상호 혜택이 분명한 경우에는 모든 종류의 커뮤니케이션 채널을 동원하여 홍보하더라도 소비자들은 거부감을 갖지 않는다.

11단계 : 대상을 파악하고 전달하고자 하는 메시지와 전달 주기, 방법을 결정한다.

12단계 : 질문을 예상하고 미리 적절한 답변을 제공한다. 냉소주의가 팽배한 시대이므로 좋은 일을 열정적으로 지원하는 기업은 다른 경쟁업체보다 돋보이면서 궁극적으로 회사에 도움이 되는 여론과 지지를 확보할 기회를 갖게 된다. 좋은 일을 함으로써 발전한다는 말은 간단해 보이지만, 냉소주의 시대에 사람들의 관심을 끌어내면 그런 일을 추진하게 된 동기와 방법 또한 사람들의 감시 대상이 될 가능성이 아주 높다. 그렇기 때문에 공익 마케팅을 추진하는 기업은 그러한 감시의 눈길을 무사히 통과하도록 해야 하며, 메시지 역시 믿음을 줄 수 있어야 한다.

가능하면 구체적인 정보를 제공한다. 수익금의 몇 퍼센트를 지정된 공익 사업 지원에 사용할 것인지 말한다. 언제까지 얼마만큼의 금액을 지원한다고 말할 때, 가능하면 아주 구체적이어야 한다. 회사와 비영리단체 사이의 파트너십이 지속되는 기간도 구체적으로 말한다. 특정 시기 동안인지, 프로그램 추진기간 동안인지, 일회성 이벤트에만 국한되는지 분명히 발표한다. 또한 별도의 약속이 있다면 어떤 것이 있는지도 말한다.

일반적으로 최대한 정직한 것이 가장 좋지만, 정직성의 수준도 정해 놓는 편이 좋다. 예를 들어 시어스(Sears)는 노숙자를 위한 콘서트를 후원한 적이 있다. 한 기자가 시어스 중역을 만나 취재를 했는데, 그 중역은 콘서트가 "사람들이 시어스에서 쇼핑할 마음을 갖게 하는 데 큰 도움이 되리라 생각한다"고 말했다.

이 말이 주간 경제 잡지에 실렸고 그런 이기적인 이유 때문에 노숙자를 위한 콘서트에 돈을 대는 것은 문제가 있다는 비판이 거세졌다. 같은 생각이라도 "시어스가 어려운 처지에 놓인 사람들을 생각하고 돕고 싶은 마음이 있다는 사실을 많은 사람에게 알리고자 후원한다"고 말할 수도 있었을 것이다. 그렇게 말해도 "사람들이 시어스에서 쇼핑할 마음을 갖게 하는 데 큰 도움이 되리라 생각한다"고 말하는 것과 같은 효과가 있다.

혜택의 이해

셜리 사가와와 엘리 세갈은 사회적 책임을 다하는 기업과 사회 활동을 적극 벌이는 비영리단체 모두 단순한 홍보 효과와 지역 사회의 좋은 인식 이외에도 여러 가지 혜택을 볼 수 있다고 주장한다. 데이비드 오스본과 테드 게블러의 《정부 혁신의 길 *Reinventing Government*》을 인용하며, 이들은 기업체와의 공동 작업을 통해 비영리단체는 다음 사항을 직접 경험하며 배울 수 있다고 보았다.

- 경쟁 체제 : 더 큰 성과를 얻기 위한 자극제
- 고객 중심주의 : 공익 사업 수혜자의 욕구 충족
- 결과 지향주의 : 투입이 아닌 성과에 집중
- 수익성 : 단순한 지출이 아닌 수익 창출
- 시장 지향성 : 변화하는 상황에 적극적으로 대처

파트너십 효과의 또 다른 부분을 설명하기 위해, 셜리 사가와와 엘리 세갈은 기업도 사회 봉사 단체를 통해 다음 사항을 배울 수 있다는 피터 드러커의 말을 인용했다.

- 미션 중심주의 : 돈이 아닌 미션을 바탕으로 한 의사 결정
- 이사회 중심주의 : 이사회에 책임을 지는 CEO
- 매력적인 경영자 : 직원(및 자원봉사자)이 더욱 생산적이고 열정을 다해 일하도록 동기 부여

공익마케팅 파트너십 구축은 단지 파트너의 이름과 명성을 이용하는 것 이상이어야 한다. 어려운 처지에 놓인 다른 사람들을 돕는 좋은 일을 하면서 동시에 공익마케팅을 추진하는 기업과 비영리단체 모두 혜택을 보는 좋은 기회이다. 예를 들어 합동 기획 과정을 통해 상대방의 목적과 전략을 분명히 이해할 수 있으며 서로의 창의성과 문제 해결 능력을 배우고 활용할 수 있다. 공통의 비전과 목적을 위해 힘을 합친 두 단체는 각자의 능력을 모두 발휘해야 하며, 최선을 다해 모든 아이디어를 내놓아야 한다.

프로그램 평가

파트너십 성과의 검토, 측정, 평가는 기업체와 비영리단체 모두에게 귀중한 정보를 제공하는 기회이면서 마케팅의 기본 원칙

이다. BSR은 최초의 목적과 기대 사항에 대비하여 프로그램 진행 도중과 종결 시점에 성과를 평가하도록 권하고 있다. 이러한 평가에는 가시적인 혜택과 프로그램에 투입된 인적 자원, 재정, 기타 자원의 요약 정리도 포함되어야 한다.

대부분의 경우에 마케터는 시장 상황 변화에 대응한 변화의 중요성을 잘 알고 있다. 공익마케팅 프로그램을 추진하면서 파트너 관계에 있는 두 단체는 언제든지 파트너십의 구조나 세부 절차를 융통성 있게 변화시킬 수 있어야 한다. 다른 단체와의 새로운 파트너십 구축이나 다른 프로그램을 추진했을 경우의 혜택에 대비하여 한 단체와의 장기 파트너십이 가져올 실질적인 혜택을 비교 평가한다.

프로그램 진행 중에도 질적 데이터와 기타 관련 데이터를 기록하고, 합의된 지표를 바탕으로 다음 사항을 평가한다.

- 해당 공익 사업에 미친 영향
- 모금액
- 판매, 매출, 또는 트래픽에 미친 영향
- 그 단체, 제품, 프로젝트, 브랜드, 서비스와 관련하여 이해 관계자의 인식 변화를 중심으로 한 경향 추적 조사
- 언론 매체의 반응
- 감사의 편지
- 파트너 관계에 있는 기업과 비영리단체의 명성, 이미지, 인식 변화

- 고객 만족
- 직원 만족
- 기타 이해관계자 만족

평가 결과를 검토하여 프로그램의 성공 여부나 성공 수준을 판단한다.

BSR은 파트너십 추진 결과의 평가는 개개 공익마케팅 프로그램의 성과를 정리하는 것과 같다고 본다. 파트너십을 통해 기업과 비영리단체 모두가 얻는 가치를 생각해야 한다. 직원, 명성, 이해관계자, 재정 등 다양한 측면에서 생각한다. 자원 활용은 최저로 하면서 회사와 공익 사업 모두가 얻는 긍정적인 성과는 최대가 되는 것이 가장 효과적인 파트너십이다.

파트너십이 제기능을 발휘하지 못하면, 현실을 냉정하게 생각하고 변화를 줄 필요가 있다. 《작은 거인 *Little Big Man*》의 늙은 인디언 추장이 말했듯이 "마법이 통할 때도 있지만 …… 그렇지 못할 때도 있다." 경영자가 현실을 솔직하게 인정하지 않으면 엄청난 돈과 자원만 낭비하고 만다.

자원봉사자

좋은 공익 사업은 그 가치를 인정하고 기꺼이 자원하여 도움을 주고자 하는 사람들의 열정을 촉발할 수 있으며, 적어도 많은 관심을 이끌어낼 수 있다. 자원봉사자는 여러 가지 이유에서 중요하다.

- 사람들이 무급으로 많은 시간을 일해준다면 엄청난 비용 절감 효과가 있다.
- 유급 직원에게서는 찾아볼 수 없는 열정과 헌신을 발휘한다.
- 자원봉사자는 돈을 주고도 살 수 없는 많은 재능을 발휘하기도 한다. CEO 수준의 경력을 지닌 은퇴한 사람도 있을 수 있고, 지역 사회의 사람들을 많이 만나고 좋은 일을 하고 싶어하는 젊은이들도 있다. 이들은 순수한 열정으로 경험과 재능, 창의성, 신선한 아이디어를 발휘한다.
- 자원봉사자는 다른 사람도 끌어들여 일을 하게 하는 능력을 갖고 있다.
- 자원봉사자가 있다는 사실 자체는 아무런 대가도 바라지 않고 시간과 정열을 다해 그 공익 사업에 보탬이 되고자 하는 사람들이 있다는 사실을 널리 알리는 효과가 있다. 헌신적인 자원봉사자의 존재 자체가 그 공익 사업의 정당성을 입증한다.

자원봉사자는 그 수가 얼마가 되건 정당하게 인정하고 존중해야 한다. 자원봉사자에 대한 대우는 생산성과 전반적인 이미지에 중대한 영향을 줄 수 있다. 금전적 보상 대신에 감사패나

상장 같은 상징적인 보상을 해야 한다. 자원봉사자를 소홀히 대우하면 효율성이 떨어질 뿐만 아니라 공익마케팅 프로그램과 파트너의 명성이 치명적인 손상을 입을 수 있다.

활동 범위의 결정

지역 사회 보호 시설, 학교, 공공 시설, 지역 환경 운동 단체 지원과 같이 공익마케팅 프로그램을 전적으로 지역적 차원에서만 실시한다면, 지역 사회의 모든 사람이 그 사실을 알게 해야 한다. 지역 언론, 광고판, 모든 종류의 커뮤니케이션 수단(사보와 게시판, 자체 커뮤니케이션 수단을 갖고 있는 지역 단체와 상인 단체와의 연계)을 동원하여 자원봉사자의 노고에 감사를 보내고 프로그램의 목적과 지금까지의 성과, 파트너의 역할 등을 소개한다.

좀더 범위를 넓혀 시(市)나 주(州), 국가 차원으로 공익마케팅 프로그램을 진행하거나 세계를 대상으로 하는 경우에는, 주변 지역은 물론이고 전체 활동 지역을 대상으로 커뮤니케이션을 담당하는 사람이 있어야 한다. 지역 주민들은 공익마케팅 프로그램을 통해 지역 사회가 얻게 될 혜택에 중점을 두면서 지역 차원의 활동에 관심을 갖고 적극 참여할 것이다.

전체적인 커뮤니케이션을 담당하는 사람은 프로그램 성과와 활동 내용을 모두 홍보해야 하지만, 공익마케팅 프로그램의 대상이 되는 지역의 수, 자원봉사자 수, 그 프로그램을 통해 혜택을 보는 사람들의 수를 특히 강조해야 한다. 그러한 홍보 활동은 시장 전체와 프로그램 참여자 모두에게 아주 긍정적인 효과를 줄 수 있다. 예를 들어 특정 지역에서 일하는 소수의 자원봉사자와 실무자는 제한된 자원으로 작은 성과만을 거두고 있을 수 있다. 하지만 다른 지역의 사례를 포함하여 프로그램의 전반적인 성과를 듣게 되면, 자기 지역에서의 작은 성과도 그 가운데 일부로 생각하면서 자부심을 가지게 된다. 지역마다 참여도에 차이가 있더라도 전체 프로그램의 성과를 어떻게 골고루 공유하게 될지 구체적으로 보여준다.

사실을 왜곡하거나 속이지 않고 성공의 희망을 보여주면 지역 사회의 관심을 이끌어낼 수 있으며, 그러한 관심은 새로운 지원과 자원봉사로 이어질 것이다.

인터넷 : 국경 없는 커뮤니티

조사 결과에 따르면, 입소문은 제품, 이슈, 메시지를 홍보할 수 있는 가장 저렴하면서도 가장 효과적인 방법임이 증명되었다. 입소문은 실질적인 또는 암시적인 인정의 효과를 발휘한다. 비영리단체와 파트너십을 맺고 특정 공익 사업을 벌인다는 소식을 회사 사보나 지역 신문에 내보내는 것 또한 효과적이고 저렴한 방법으로, 원하는 성과를 손쉽게 달성할 수 있다.

1990년대 이후로 인터넷은 마케팅, 홍보, 프로모션을 위한 새로운 도구가 되었다. 컴퓨터를 통한 정보의 제공과 입수가 가능해졌으며, 그에 따라 수많은 사람과 언제 어디서나 접촉할 수 있는 길이 열렸다. 텔레마케팅 같은 방법은 효과가 있기도 하지만 비용이 많이 들며 인터넷과 달리 사람들의 일상 생활에 방해가 되기도 한다.

인터넷은 단순히 개인적인 용도와 비즈니스 목적 이외에도 사람들이 서로 의사소통하고 새로운 것을 배우며 물건을 사고 파는 궁극적인 수단으로 각광받았다. 하지만 흥분이 잦아들면서 (그리고 과대 평가된 수많은 기술 기업들이 약속을 지키지 못하게 되면서), 인터넷에 대한 신뢰도는 급속히 떨어졌다. 이런 상황에서 마케터들은 인터넷 이용자의 인구통계적 구성과 심리, 실제 규모와 잠재적 규모, 주요 관심 분야 등을 정확히 파악해야 하지만, 신뢰성 있는 조사 자료가 여전히 부족한 상태이다.

어쨌든 인터넷의 발달은 인쇄 매체, 라디오, 텔레비전, 옥외 광고, 우편물 등과 같은 효과적인 커뮤니케이션 수단으로 활용될 수 있는 메커니즘을 탄생시켰다. 그러나 전자우편은 한편으로는 개인적인 커뮤니케이션 수단으로서 바람직할 수 있지만, 정크 메일로 생각하여 삭제될 가능성도 있다.

게다가 마케터들이 화려한 인터액티브 비디오게임 같은 웹사이트에 매료되어 마케팅은 행동 메커니즘을 요구하는 활동적인 프로세스인 동사형(verb)이라는 사실을 놓치는 경우도 있다. 기업, 기관, 공익 단체의 웹사이트는 기본적으로 전자 카탈로그, 게시판, 새로운 소식 전달 기능을 한다. 그러나 사람들을 유인하여 웹사이트를 방문하도록 해야 한다는 강박관념 때문에, 환상적인 시나리오(어려운 모든 질문에 대한 유일한 답은 '만들어 놓으면 사람들이 올 것이다' 이다)에 따라 화려한 웹사이트를 설계하고 구축하느라 수백만 달러가 낭비되었다. 그리하여 수많은 웹사이트가 아무도 찾지 않는 현란한 광고판으로 전락했다. 일반적인 광고물, 브로슈어, 카탈로그와 마찬가지로, 웹사이트 역시 아무리 멋있어 보여도 실제로 보고 읽는 사람이 없다면 아무 소용이 없다. 치밀한 전략과 마케팅 계획에 따라 만들어지지 않은 웹사이트는 아무도 보지 않는 옐로우 페이지와 마찬가지로 전혀 쓸모가 없는 것이다.

인터넷을 통한 공익마케팅 프로그램에서도 전략적 계획이 필요하다. 사람들이 찾지 않으면 좋은 회사, 좋은 공익 사업, 잘 만든 메시지는 전혀 소용이 없다. 웹사이트를 찾아 들어가도 현란한 그래픽과 애니메이션 때문에 한참 기다려야 한다면, 사람들은 참을성을 발휘하지 못하고 부정적인 생각만 갖고서 다른 곳으로 가버릴 수 있다. 특히 이런 경우가 더 문제이다.

디자이너는 웹사이트를 화려한 그래픽으로 장식할 수 있지만, 마케터에게는 사람들의 관심을 사로잡는 강력한 이미지와 메시지가 필요하다. 마케팅에서 중요한 것은 메시지와 제품을 시장에 빠르고 직접적으로 전달하는 것이다.

1990년대 말에 많은 사람이 웹사이트 구축에 달려들었지만, 이와 같은 신속성과 직접성의 원칙을 무시했으며, 뛰어난 재능을 지닌 디자이너와 기술 전문가들이 일반인은 쉽게 돌아다닐 수 없는, 효율성이 떨어지는 화려한 사이트를 만들도록 방치하고 말았다. 일반인이 인내심을 갖고 찾거나 아이콘과 페이지를 돌아다니며 회사가 원하는 환상에 빠져들게 할 만한 웹사이트는 거의 찾아보기 힘들다.

공익마케팅 프로그램은 사회직 책임을 다하는 것이며 많은 의미가 있고 많은 사람에게 큰 혜택을 줄 수 있다는 사실에도 불구하고, 공익마케팅 프로그램은 결국 마케팅 프로그램이며, 그렇기 때문에 마케터의 입장이 아니라 일반 대중의 입장에서 쉽고 직접적으로 메시지를 전달할 수 있어야 한다.

국경 없는 세계인 인터넷에서는 유럽이나 남미의 누군가가 뉴욕에 살고 있는 시민처럼 쉽고 빠르게 뉴욕의 웹사이트에 접속할 수 있다고 한다. 모든 것이 제대로 되어 있다면 그 말도 틀린 것은 아니다. 그러나 그렇게 되기 위해서는, 유럽이나 남미에 살고 있는 사람이 ① 그런 사이트가 있다는 사실을 알아야 하고, ② 그 사이트 접속 방법을 알아야 하며, ③ 그 사이트에 들어가고 싶어해야 한다. 이 세 가지 부분을 충족시킬 수 있어야, 마케팅 원칙에 충실한 사이트라 할 수 있다.

인터넷을 통한 커뮤니케이션은 비용 측면에서 효과적일 수 있지만, 한편으로는 엄청난 비용이 소요되기도 한다. 기술적 문제를 해결하려면 많은 돈이 필요할 수 있으며, 정보 제공 차원에서 시스템을 이용하는 모든 사람을 곤란하게 만들기도 한다. "시스템이 다운되었다"는 말은 전화회사와 방송사가 한 번도 생각해보지 않은 끔찍한 사태를 대표한다.

그러나 이러한 부정적인 측면이 있음에도 불구하고, 인터넷은 가능성이 큰 시장이자 전에는 꿈도 꾸지 못했던 많은 사람과 접할 수 있는 기회를 제공한다. 인터넷을 통해 마케터, 제조업체, 서비스 제공업체, 구매자, 판매자, 교육 종사자 등은 기존에 알고 있던 것보다 훨씬 저렴한 비용으로 엄청난 정보를 빠르게 주고받을 수 있다. 여기서 중요한 것은 원하는 목표 시장을 파고들기 위한 효율적인 인터넷 활용 방법이다.

수많은 웹사이트가 있고 수천 개의 검색 엔진이 있으며 서비스 제공업체도 계속 늘어나고 있으므로, 기업도 시장의 변화를 항상 주시하고 있어야 한다.

새로 설립된 기업의 경영자들이 모니터 주변에 모여 새로운 웹사이트의 출범을 지켜보며 사람들이 반응을 보이기를 기대하는 텔레비전 광고가 있었다. 웹사이트가 멋있게 나타나자 박수 갈채가 터졌다. 그리고 방문객이 점차 많아지고 주문이 늘어나자 박수는 환호성으로 바뀐다. 주문이 계속 늘어가자 환호 소리가 더욱 커진다. 그런데 숫자가 계속 늘어가자 두려움이 모두의 얼굴을 스치면서 조용해진다. 그렇게 많은 주문을 새로 설립된 작은 회사가 처리할 수 있을까? 그렇게 많은 정보의 처리 능력을 시스템이 갖고 있을까? 그리고 흔히 간과하고 있던 것도 있었다. 회사의 웹사이트로 이어지는 히트 수에 따른 비용을 지불해야 하는 것이다. 그 비용도 산더미처럼 쌓여가고 있다. 단순히 관리 비용으로 처리하기에는 엄청난 금액이다.

공익마케팅 프로그램을 추진할 때도 자체 웹사이트를 갖추고 있어야 하며, 후원 기업체와 파트너십 관계의 비영리단체, 기타 관련 기업이나 단체와 링크 시켜 놓아야 한다. 21세기에 접어든 지금은 웬만한 곳은 웹사이트를 당연히 갖추고 있으리라 생각하기 때문이다.

그러나 일반적인 마케팅 프로그램과 마찬가지로, 공익마케팅 프로그램에서도 웹사이트는 핵심이 아니며 유일한 마케팅 수단이나 정보 제공 수단도 아니다. 일반인, 기부자, 자원봉사자, 지지자 모두 여전히 인쇄물, 무료 전화, 질문에 답하고 문제를 해결하며 프로그램에 대한 열정을 지닌 살아있는 사람을 기대하고 원한다. 다시 말해 인쇄물, 브로슈어, 범퍼 스티커, 단추, 깃발, 홍보 물품, 홍보 전문가 등을 모두 대신하여 기술만으로 마케팅을 하면 성공을 거둘 수 없다.

"우리 웹사이트에 가시면 필요한 모든 정보가 다 있습니다." 언론의 질문과 자료 요청에 이런 식으로 대답하는 것은 언론의 지지를 이끌어내지 못하는 확실한 방법이다. 마찬가지로 자원봉사자와 기부자, 또는 자원봉사나 기부를 할 가능성이 있는 사람들에게 웹사이트를 방문하여 필요한 정보를 찾아보라고만 해서는 올바른 마케팅도 아니고 올바른 관리 방법도 아니다.

웹사이트와 전자우편을 이용하는 방법이 공익마케팅 프로그램의 일부가 될 수 있지만, 그것이 전부여서는 안 된다.

공익마케팅 프로그램을 위한 모금과 홍보를 위해 이베이 웹사이트와 유사한 온라인 경매 방식이 많이 활용되고 있다. 공식 만찬 행사의 일부로 행해졌던 경매는 오랫동안 효과적인 모금 및 홍보 도구로 이용되어 왔다. 많은 기업체로부터 경매 물품을 기부 받아 기금을 마련하고 자원봉사자의 노고를 치하하기도 하며 성과를 홍보하는 수단으로서 경매 제도가 이용되었다.

온라인 경매는 마케터가 활용할 수 있는 효과적인 방법이다. 단순히 멀다는 이유 때문에 경매에 참여할 수 없었던 전 세계의 사람들을 이런 온라인 경매에 초대할 수 있다. 온라인 경매는 지리적 한계를 뛰어넘고 시간 제약 없이 벌일 수 있다는 장점이 있지만, 보다 큰 효과를 얻기 위해서는 실제 현장에서 하는 경매 효과를 내는 온라인 경매가 가장 좋다. 전통적인 오프라인 경매를 결합시키면 컴퓨터에 익숙하지 않은 지지자들도 참여할 수 있을 것이다.

인기 있는 온라인 경매는 그 행사와 웹사이트를 알고 있는 세계 각지의 많은 후원자를 참여시킬 수 있지만, 컴퓨터로만 이루어지는 행사에 대한 거부감이나 컴퓨터를 이용할 수 없는 사람은 배제시키게 된다. 마케팅의 성공 요인 가운데 하나는 어느 부분도 배제시키지 않는 것이다. 온라인 경매와 오프라인 경매 행사를 결합시키고 둘 다 홍보함으로써, 지역 차원의 평범한 행사를 전 세계의 사람이 참여하고 관심을 보이는 대규모 행사로 발전시킬 수 있다.

마찬가지로 공익 활동에 대한 지지와 인식을 높이고 후원금을 모으기 위한 라이브 콘서트를 개최할 때도 웹사이트를 활용하면, 단순히 전화나 우편을 통한 방법보다 더 빠르고, 더 효과적으로 후원금을 모으고 데이터베이스를 구축할 수 있다. 인터넷을 통해 콘서트를 생중계하여 직접 참석하지 못하는 모든 사람에게 보여줄 수도 있다. 다시 한 번 강조하지만, 전체 프로젝트를 철저한 마케팅 계획에 따라 추진해야 한다.

조사에 따르면 젊은층에 비해 노년층의 인터넷 활용도는 일반적으로 저조한 편이다. 다른 마케팅 프로그램과 마찬가지로, 공익마케팅 프로그램에서도 가장 중요한 첫 번째 원칙은 '목표 대상을 파악하라'이다. 목표 대상이 노년층이라면 인터넷을 통한 활동과 경매, 콘서트, 프리젠테이션은 효과가 없을 것이 분명하다. 그러나 공익마케팅 프로그램의 홍보 효과를 높이기 위해 여러 장소에서 홍보 활동을 벌이고 가능한 모든 방법을 동원한다면, 인터넷 부분은 지역 사회의 한계를 뛰어넘어 더 큰 성공을 거두는 데 도움이 될 가능성이 있다.

어떤 공익 사업에 대한 관심이 지역적 차원에 머무르는지, 아니면 보다 넓은 지역을 대상으로 하는지 어떻게 알 수 있을까? 때로는 상식적으로 알 수도 있고, 때로는 예외적인 상황에 영향을 받을 수도 있지만, 절대 간단한 단 하나의 대답이 나올 수는 없다. 이웃의 복지 시설 지원을 위한 모금 활동은 전국 각지의 복지 시설 후원을 위해 조직된 더 큰 활동의 일부가 아니라면 그 지역 외부에서 많은 관심을 끌 가능성이 거의 없다. 화재나 지진, 태풍, 기타 자연 재해의 피해를 입은 지역, 또는 일반적인 상황에서는 일어날 수 없는 참사가 발생한 지역은 많은 사람의 관심 대상이 되면서 그 지역과는 아무 상관도 없는 사람과 기업들의 도움을 받기도 한다.

그런 상황이 발생했을 때의 일반적인 공익마케팅 프로그램은 파트너십과 그 상황의 성격 등에 따라 달라진다. 과거의 예를 보면 기업 차원에서 식품과 의료 서비스를 지원하기도 하고, 책이나 옷가지 등을 팔아 모은 돈을 구호 단체에 보내기도 한다.

결국 모든 마케팅은 지역적이다.

목적에의 충실

때로는 좋은 의도에서 시작한 일이 혼선을 빚는 경우도 있다. 따라서 마케팅의 목적을 분명히 하고 그 목적에 충실해야 한다. 경우에 따라서는 프로그램의 중심에 기업, 제품, 단체, 브랜드를 놓고, 공익 사업은 보조 또는 이차적인 위치에 놓을 수 있다. 이 경우 먼저 제품을 팔고 다음에 좋은 일을 하는 것이다. 아니면 공익 사업이 중심에 놓이고 제품은 보조 또는 이차적인 위치에 놓일 수도 있다. 이 경우는 제품을 팔 때마다 좋은 일을 하는 것이라고 할 수 있다.

경우에 따라서는 사람들은 수많은 메시지 때문에 혼란스러워할 수가 있다. 예를 들어 일반적으로 하나의 광고에 로고가 너무 많으면 그 효과가 희석되며 목적이 흐려진다. 프리젠테이션은 단순할수록 더욱 강력한 효과를 발휘할 수 있다. 마케팅에서도 마찬가지이다. 아무리 좋은 뜻이라 하더라도 어떤 행사나 캠페인, 프로그램에 기여한 모든 사람과 기업에 감사하며 감사패 같은 것을 남발하면 가치가 떨어질 수 있다. 물론 어떤 대규모 행사 비용으로 1백만 달러 이상을 기부한 기업체 네 곳이 있다면, 물론 모두에게 감사를 해야 할 것이다. 그러나 '이 모든 일이 가능하도록 도움을 주신 많은 분들'의 명단은 실제로 그런 역할을 한 사람 자신에게만 의미가 있다.

아메리칸 익스프레스에서 추진한 어떤 프로그램은 의미가 크고 아주 중요하며 사회적으로 큰 혜택을 주는 공익 사업이었지만, 실행 과정에서 어려움이 있었으며 수많은 이름과 로고가 뒤섞이면서 문제가 발생하기도 했다. 아메리칸 익스프레스 카드를 이용하는 고객이 물건을 살 때마다 크리스마스 기간 동안 불우이웃을 위해 일정액을 기부하는 프로그램이었는데, 아메리칸 익스프레스의 각종 신용카드 로고 다섯 개 모두가 홍보물에 찍혀 나왔다. 이렇듯 후원 업체를 너무 강조하면 우선 순위가 바뀌게 된다. 이 경우 공익 사업 자체가 뚜렷하게 강조되도록 하면서 공익마케팅 프로그램이 성공한다면, 후원 업체들도 거부감을 일으키지 않으면서 정당한 보상을 받을 것이다.

사회적 책임이라는 말 자체는 기업이 좋은 일을 함으로써 더욱 발전하고자 할 때 어느 정도의 겸손과 자제가 필요하다는 의미도 담고 있다.

Cause
Marketing

- ☒ 제한된 자원을 가진 기업은 다른 업체와 함께 더 큰 좋은 일을 할 수 있는 전국적인 대규모 공익 사업에 참여하는 방법도 생각할 수 있다.

- ☒ 파트너십을 형성할 때는 누가 무엇을 어떻게 하는지에 대해 분명하게 해두어야 한다. 이를 위해 소유권 문제, 법적 기준, 예산 문제를 계약서로 작성해 두는 것이 좋다.

- ☒ 모든 마케팅은 지역적이다. 세계 각지에서 지지자를 확보하고 있는 기업, 단체, 브랜드는 한 번에 하나씩 고객과 구성원의 관심사와 욕구를 충족시켜야 한다.

- ☒ 공익 사업 지원은 회사 내부에서 시작해야 한다. 즉, 직원들에게 충분한 정보를 제공하고 열정과 관심을 가지도록 해야 한다. 또한 경영자는 모든 직원과 자원봉사자에게 힘과 용기를 심어주어야 한다.

- ☒ 창의적인 아이디어와 모든 참여자에 대한 혜택, 공익마케팅 프로그램의 목적, 역할 분담, 프로그램의 확대 또는 종료 절차 등 프로그램의 세부 사항을 명문화 해둔다.

- ☒ 명성의 훼손과 자원 낭비 등 리스크 요소를 평가한다.

- ☒ 프로그램의 가치, 직원과 기타 이해관계자에 미치는 영향을 규정한다.

- ☒ 파트너십 계약서에는 각 파트너가 계약에 의한 공익마케팅 프로그램에 구속되는 배타성의 정도와 최소 보장 사항이 포함되어야 한다.

- 매니저는 기술과 경험, 외부 자원 활용 능력이 요구되는 파트너
  십의 핵심 요소이며, 동시에 공익마케팅 계획을 추진하고 그에
  따른 성과를 전파하는 책임을 맡는다.

- 프로그램의 목적 달성 여부와 파트너 및 이해관계자 모두의 만족
  도를 파악할 수 있는 평가 메커니즘 구축이 중요하다.

- 자원봉사자를 잘 활용하고 관리하면 비용을 절약하고 성과를 높
  이며 또 다른 많은 자원봉사자를 확보할 수 있다.

- 인터넷은 인지도 향상에 강력한 힘을 발휘하지만 유일한 도구는
  아니다. 기술을 전체 프로그램의 일부로 현명하게 활용해야 하며
  공익 사업의 목적에 충실해야 한다.

위기 관리 대책

엔론 사태로 본 위기 관리

사회적 책임 의식이 있는 기업과 존경받는 비영리단체, 이 둘이 어떤 좋은 일을 공동으로 추진하기 위해 파트너십을 형성한다. 기업과 비영리단체 모두 찬사를 받아 마땅하며, '모두를 위한' 좋은 일을 함께 해나간다. 이론상으로는 멋있게 보일지 모르지만, 항상 그렇지만은 않은 것이 현실이다.

맥도날드는 사람들의 식습관을 바꾸었으며 미국을 비롯하여 세계 여러 나라에서 패스트푸드의 전도사가 된 회사이다. 또한 병원에 입원한 아이를 둔 가족의 임시 거처를 마련해주는 '로날드 맥도날드 하우스'를 세워 맥도날드 이름을 적극 활용한 '아이덴티티 파트너십(identity partnership)'을 시도하기도 했다. 최초의 '로날드 맥도날드 하우스'는 1974년 필라델피아에서 처음 문을 열었다. 그 이후 25년 동안 거의 200개의 '로날드 맥도날드

119

하우스'가 미국 각지에 설치되었다. 이 외에도 '로날드 맥도날드 하우스'는 교육과 어린이 건강을 위해 공익 사업을 추진하고 있는 각종 비영리단체에 2억 달러 이상의 자금을 지원했다. 맥도날드와 맥도날드가 추진한 수많은 공익마케팅 프로그램은 맥도날드의 목표 시장이기도 한 어린이와 가족을 위해 좋은 일을 하는 곳이면 어디에서나 회사 이름과 로고, 이미지를 활용하면서 사회적 책임을 다하는 마케팅 활동의 교과서 같은 역할을 했다.

또한 맥도날드는 지역 사회를 위해 좋은 일을 해야 한다는 설립자의 방침을 널리 홍보했다. 맥도날드 햄버거, 튀김, 샌드위치 제품의 영양 가치에 대한 비판은 별개로 하더라도 사회적 양심을 지키며 아이들을 위해 좋은 일을 많이 한 이 회사를 칭찬하지 않을 사람은 거의 없을 것 같았다. 하지만 현실은 절대 그렇지 않았다.

도저히 믿기 어려운 이야기들이 나돌았다. 미국 남부 지역의 한 목사는 맥도날드가 악마교의 숭배자라고 비난하며 공격을 가해왔다. 그 이야기는 진지하게 생각할 가치도 없어 보였다. 맥도날드 제품의 영양 가치를 문제 삼던 식품전문가들도 동조하지 않았다. 그러나 이 비난을 뒷받침할만한 구체적인 증거가 전혀 없었음에도 불구하고, 맥도날드 경영진은 사회적으로 존경받는 목사가 그런 말을 했다는 사실을 중요하게 생각했다. 그 목사의 비난에 따른 파급 효과는 그리 크지 않았고 회사의 이미지에도 심각한 타격을 주지 못했다. 하지만 맥도날드는 사람을 파견하여 그 비난에 대응했다.

그런 와중에 환경 운용 단체들이 맥도날드 매장에서 주로 사용하는 플라스틱 포장재를 비판하며 공격을 해왔다. 맥도날드는 스티로폼과 성형 플라스틱 포장재를 주로 쓰고 있었으며, 생물학적으로 분해되지 않는 것이었다. 이 주장보다 더 문제가 된 것은 맥도날드의 성공 자체가 비판의 대상이 되었다는 사실이다. 맥도날드는 패스트푸드 업계의 선두업체였으며, 오랫동안 좋은 일에 맥도날드 이름을 끼워 넣었다는 점이 집중적인 비난을 받았다. 맥도날드는 패스트푸드 산업의 선두 주자이며, 맥도날드의 주요 고객이 어린이이기 때문에 더 좋은 모범이 되었어야 했다는 비난이 쏟아진 것이다.

맥도날드에 대한 공격이 힘을 얻기 전에 이 회사는 '환경보호기금(Environmental Defense Fund)'과 공동으로 환경친화적인 새로운 포장재를 개발하겠다고 발표했다.

여기에서 중요한 교훈을 얻을 수 있다. 어떤 분야에서 아무리 큰 성공을 거둔 기업이라도, 건전한 시민의식을 지닌 기업이 되기 위해 아무리 노력하더라도, 기회만 생기면 그 회사를 비난하려는 사람들이 항상 있다는 점이다. 어떤 기업을 공격함으로써, 그 기업의 자금 지원을 이끌어내 자신의 목적을 달성하는 기회로 삼는 단체도 있다.

너무 냉혹하게 보일지도 모르지만, 슬프게도 오늘날의 현실이 그렇다. 기업체의 법무 담당 부서 예산 규모는 생산이나 마케팅 부서의 예산과 거의 비슷한 실정이다. 미국 사회에서 기업은 툭하면 소송에 휘말린다. 특히 업계 선두업체를 공격할 목적으로 다양한 방법을 구사하는 사람들도 있다.

그런 공격에 대한 대항 수단을 주요 목적으로 하지는 않지만, 공익마케팅은 이익 집단의 공격을 막아내는 훌륭한 방편이 되기도 한다. 지역 사회에 밀착되어 좋은 평판을 얻고 세계 곳곳에서 좋은 일을 많이 하여 명성을 쌓아온 기업이라면 효과적으로 공격하기가 어려울 것이며, 부정적인 이미지를 심기 위한 작업도 무위로 돌아갈 수 있기 때문이다. 이론적인 측면이 강하기는 하지만, 이렇게만 된다면 상당한 효과가 있을 것이다. 그리고 좋은 이론을 직접 실험해 보려는 사람들이 항상 있게 마련이다.

미국에는 놀라운 능력과 힘으로 세계 최고의 기업이라 할지라도 과감하게 공격하고, 조금의 주저함이나 양심도 없이 조심스럽게 쌓아온 기업의 얼굴에 오물을 던지는 곳이 둘 있다. 바로 법과 언론이다. 모든 일이 잘 돌아가고 있다고 생각하는 순간에 등뒤에서 상어가 나타난다.

좋은 편과 나쁜 편 : 누가 누구인가?

셰익스피어는 "우리는 먼저 모든 변호사를 죽일 것이다"고 했는데, 그 말로도 변호사들을 위협하기에 충분하지 않았는지 〈뉴요커 New Yorker〉는 변호사를 풍자한 만화책을 출간하기도 했다. 일반 대중도 변호사와 관련된 농담을 끝없이 만들어내고 있다. 미국변호사협회 대변인은 이런 현상에 대해 근거 없는 것이므로 변호사에 대한 불신을 조장하는 그런 농담을 중단해야 한다고 발표하기까지 했다.

대변인의 그런 발표 역시 사람들을 아주 즐겁게 만들었다. 사실 변호사와 관련된 농담 대부분은 변호사들이 만들어냈으며, 변호사들도 그런 이야기를 들으면 다른 사람보다 더 큰 소리로 웃어댄다. 그러나 수많은 기업이 비난 때문에 받는 막대한 손실과 비용을 생각하면 절대 웃을 일이 아니다.

실제로 대부분의 사람은 변호사가 모두의 권리와 자유를 보호하기 위해 필요하다고 생각한다. 그러나 변호사는 무슨 일이 벌어지기만 하면 상대가 누구이건 소송을 벌인다는 일반적인 인식이 자리잡게 만든 요소가 다섯 가지 있다. ① 막대한 변호사 비용, ② 세계 어느 나라보다 높은 미국의 변호사 비율, ③ 매년 별것도 아닌 일로 제기되는 엄청난 소송 건수, ④ 구체적인 물증이 없어 법정에서 승소하지 못할 것이 분명한 경우에는 언론매체를 상대로 공작을 벌이는 변호사들의 방식, ⑤ 비극적인 상황을 이용해 돈을 벌어볼 욕심으로 변호사가 의뢰인과 자기 자신을 위해 책, 텔레비전, 영화 판권을 협상하는 모습 등이 바로 그것이다.

간단히 말해 고결한 변호사들이 개인과 기업의 명예를 공격하고 윤리와 예의를 무시하는 모습을 종종 보이면서 변호사와 법에 대한 일반인의 생각은 계속 악화되어 왔다. 이런 식의 표현이 불공평하며 너무 일반화시킨 것이라고 말하는 사람도 있을 것이다. 그러나 좋은 회사에 나쁜 일이 벌어지면, 거기에는 전략과 전술을 짜고 저녁 뉴스 시간과 조간 신문 일면을 장식하기 위한 목적으로 소송을 벌이는 변호사가 항상 있기 때문에 나온 말이다.

하지만 비윤리적인 방식으로 유명세를 추구하는 변호사라도 그 모든 일을 혼자서 할 수는 없다. 그들의 이야기를 들어주는 곳이 필요한데, 변호사들에게는 다행스럽게도 그런 이야기를 쓰고 보여 주고 말해주려는 곳이 계속 늘어나고 있다.

물론 사태를 너무 일반화시키는 것은 공평하지 않다. 분명히 많은 언론은 정직하고 공정성을 추구하며, 어떤 사람이나 기업의 명예를 공격하여 이익을 챙기는 저급한 선정주의를 추구하지 않는다. 하지만 이 분야도 경쟁이 치열하며, 좋은 뉴스보다 나쁜 뉴스가 사람들의 관심을 더 많이 끈다는 사실은 새로울 것도 없다. 그에 따라 '익명의 출처'에서 나온 '확인되지 않은 정보'로 처리하면 어느 정도 안전하다고 생각하며 아무 이야기나 말하고 쓰는 타블로이드 신문과 텔레비전 프로그램이 범람하고 있는 것이다.

언론 매체는 신문, TV, 라디오, 케이블 TV, 기자, 편집자, 방송인, 프로듀서, 아나운서 등 일반적으로 진짜 정보와 선정적인 정보, 객관성과 편견, 사실과 여론, 선과 악을 흐려 놓는다고 비난받는 모든 사람과 기관을 일컫는 포괄적인 용어이다. 이런 비난이 불공평할 수도 있지만, 때로는 타당하기도 하다.

언론 매체는 〈크리스찬 사이언스 모니터 *Christian Science Monitor*〉나 〈월스트리트저널 *Wall Street Journal*〉 같은 신뢰도가 높은 곳과 요란한 타블로이드 신문과 인터넷 신문 등 모든 것을 포함하는 복수의 개념이라는 사실을 잊기 쉽다. 베테랑 기자인 헬렌 토마스는 오늘날 PC와 모뎀을 갖고 있는 모든 사람이 직접 출판인이 되어 치열한 경쟁에 몸을 바쳐 특종을 먼저 터뜨리려 하면서도 정확성이나 공정성은 나중에 생각한다고 한탄하며 말한 적이 있다. 이에 따라 CBS 뉴스 앵커맨 월터 크론카이트가 전국 여론 조사에서 '미국에서 가장 신뢰받는 남자'로 뽑힌 이후, 언론에 대한 국민들의 존경심은 계속 하락 추세에 있다.

일반적으로 정치인, 비즈니스 리더, 유명 인사는 물론이고 보통 시민들도 언론이 뉴스를 왜곡하며 언론사의 경영진이 정치적 판단에 따라 특정 인물과 사안을 호의적으로 다룬다고 믿는다는 반응을 보이고 있다. 더욱 흥미로운 점은 언론 매체가 일반적으로 공정하지 못하다는 주장 자체가 정치권과 언론 매체에 종사하는 사람들로부터 나온다는 사실이다.

21세기를 살아가는 마케터는 이런 점을 감안하여 많은 부분에서 언론과 밀접한 관계가 있는 마케팅 활동을 추진해야 한다. 경쟁 관계에 있는 업체들은 단순히 시장에서만 경쟁하지는 않는다. 자기 영역을 지키기 위해 막대한 비용을 들여 네거티브 광고를 내보내고 소송을 벌이기도 하는 것이다.

많은 기업이 소비자가 원하는 것을 주는 정도로는 더 이상 충분하지 않다는 사실을 깨닫고 있다. 잘못된 방식으로 특정인을 불쾌하게 하지 않도록 하는 것도 중요하다. 과거의 소비자는 싫어하는 기업과 브랜드, 제품, 이슈가 있으면 그저 무시하는 수준에 머물렀지만, 이제는 서명운동에 동참하고 편집자에게 항의 편지를 보내고 시위를 벌이기도 하며 좋아하지 않는 제품, 프로그램, 이슈를 완전히 없애기 위해 적극적인 활동을 벌인다. 또한 싫어하는 기업이 어떤 공익 활동을 벌이고 있다면, 그 공익 활동 역시 거미줄에 걸려 똑같은 공격을 당할 가능성이 있다.

물론 모든 소비자와 경쟁업체가 이렇게 생각하고 행동하는 것은 아니다. 그러나 기업들의 법률 비용이 엄청나게 치솟았으며, 홍보 부서가 부정적인 소문과 비난을 잠재우고 좋은 이미지를 심기 위해 끊임없이 노력하고 있다는 것은 분명히 사실이다.

편집장과 프로듀서는 기자들이 '쓸데없는 일'을 그만두고 사람들의 관심을 끌만한 소재를 적극 찾아내어 더욱 흥미진진하게 보이도록 만들라고 재촉한다.

맥도날드의 사례를 다시 생각해보자. 과거에는 이 회사의 제품에 만족하지 않았거나 포장재가 좋지 않다고 생각한 사람들은 그저 맥도날드를 찾지 않고 다른 곳에 가면 그만이었다. 하지만 이제는 기자 회견을 열고 소송을 벌이며 항의 편지 보내기 캠페인을 주도하고 정부 당국에 항의 전화를 걸어 맥도날드의 문제점을 강제로 시정시키라고 요구한다. 다음과 같은 일들이 도처에서 벌어지고 있다.

● 뜨거운 맥도날드 커피를 자기 몸에 쏟은 한 소비자는 맥도날드를 상대로 수백만 달러를 내놓으라고 소송을 벌였다. 이 이야기는 큰 뉴스가 되었고, 많은 신문과 일반 대중은

아직도 그 소비자가 장난 삼아 그렇게 했다는 사실을 모르고 있다. 맥도날드는 많은 돈을 내고 말았으며, 회사 이미지도 나빠졌다.

- 또 다른 맥도날드 고객은 직원으로부터 무례한 대접을 받았다며 회사를 상대로 소송을 벌였다고 한다.
- 라디오 광고에 출연한 유명인이 한 말에 동의하지 않는 이익 단체의 조직적인 보이코트 대상이 되고 있는 회사가 많다.
- 슈퍼마켓에 닭고기를 납품하는 많은 회사가 도살 직전의 닭을 보관하는 환경에 문제가 있다고 주장하는 동물 보호 단체의 표적이 되고 있다.
- 시카고에서 올림픽 성화 주자 한 명은 '동물에 대한 윤리적 대우를 위한 사람들(PETA)' 시위대와 부딪쳤는데, 이들은 올림픽 경기가 열릴 때 로데오 행사가 있다는 소식을 듣고 항의하는 차원에서 성화 봉송을 가로막았던 것이다. 시위대는 로데오 경기가 동물을 학대하는 것이라고 주장했으며, 자신들의 주장과 입장에 대한 관심을 촉구하기 위해 성화 릴레이 행사를 방해하려고 했다.

TV, 라디오, 신문 등 각종 언론 매체는 이 모든 사건을 자세히 다루었다.

기업체와 비영리단체 사이의 모든 파트너십은 아무리 치밀하게 조사하고 계획을 세우더라도 완벽할 수 없다. 공익마케팅을 추진하는 기업이 좋은 일을 하겠다는 의도를 아무리 공언하더라도, 다른 기업보다 각종 시위와 항의, 소송, 비판을 덜 당하리라고 자신할 수 없다는 말이다. 실제로 특정 공익 사업이 자신들의 반대 견해를 보여 주는 좋은 기회라고 생각하며 이용하는 단체도 있다.

하버드 비즈니스 스쿨의 경영학 교수이자 여러 기업의 고문 역할을 맡고 있는 로자베스 모스 칸터는 이렇게 말했다.

공통의 목적을 위해 힘을 합친 두 단체는 상대방에 의해 상처를 입을 가능성이 있다. 상대방이 어떻게 행동하느냐에 따라 명성이 훼손될 수도 있다. '어린이를 구하자(Save the Children)'가 인종 차별 혐의를 받고 있는 데니스와 파트너십을 구축하면, 데니스에 대한 혐의가 고스란히 이 단체에도 적용되어 집중적인 공격을 받게 된다. 보잉 항공이 심신 장애인 취업 촉진 단체와 파트너십 관계를 맺으면 비행기의 안전성이 의심스럽다는 의혹을 받을 수 있다. 파트너십은 각자의 특수성을 유지하면서 서로의 역량을 결집킬 수 있어야 한다.

최악의 시나리오가 진짜 최악의 사태로 발전해 나간 과정

마케터들은 확실한 것은 없다는 사실을 잘 알고 있다. 예를 들어 상당히 큰 성공을 거둔 청년 봉사 단체이자 기업체의 '아메리코(AmeriCorps)' 네트워크 후원을 이끌어낸 '시티 이어(City Year)'는 엔론을 공익마케팅 파트너 업체 가운데 하나로 선정했다.

미국 최대의 에너지 기업 가운데 하나로서 1990년대 내내 고도 성장을 거듭한 엔론은 2001년에 결국 미국 역사상 최대 규모의 파산 신청을 하기에 이르렀다. 엔론과 엔론 경영진은 각종 스캔들, 소송, 의회 조사, 청문회의 주인공이 되었다. 엔론의 경영 방식에 큰 문제가 있었으며 의도적으로 실적을 부풀렸는지 여부에 대한 전문가들의 조사가 벌어졌고, 초기 조사에서 밝혀진 것보다 더 크고 심각한 문제점이 있다는 의혹이 확산되었다.

엔론은 위기에 처한 기업의 대명사가 되었다.

엔론은 대중적 이미지 관리에 많은 신경을 썼으며, 팀워크 정신과 사람에 대한 투자를 항상 강조했다. 회사에 대한 좋은 이미지와 명성을 쌓는 일과 많은 사람이 공감하는 좋은 일을 지원하고 엔론의 이름으로 공공 건물을 지었으며 사회적 책임을 다하는 좋은 기업으로서의 이미지를 구축하는 데 많은 투자를 했다. 그 동안 쌓아온 이미지와 명성을 생각하면 마케팅이나 사회 봉사 활동으로 해결하지 못했던 문제점이 노출되어도 일시적인 사태로 끝나고 말았을지도 몰랐다.

좋은 기업으로 인식되고 싶은 기업은 실제로 좋은 기업이 되어야 하며, 단순히 좋은 기업처럼 보이고자 해서는 안 된다. 엔론이 실제로 좋은 기업이었고 모든 것이 오해의 결과였다면, 수

많은 비판과 의혹에 엔론이 어떻게 대처했을까?

위기 관리의 기본은 문제가 발생했을 때 경영진이 사실을 말하도록 하는 데서 시작된다. 엔론의 경우에 변호사들은 문제가 아주 심각하며 법적으로도 치명적인 결과를 가져올 수 있기 때문에 진실을 말하는 것은 좋지 않다는 자문을 했을 수 있다. 차라리 아무것도 말하지 않는 편이 더 좋다고 했을지도 모른다. 이것이 합리적이고 논리적인 법률 자문일 수는 있지만, 엔론의 미래를 생각한다면 일반 대중과 직원, 주주가 원하는 것은 침묵이 아니라는 사실을 알았어야 했다. 회사가 깨끗하다면 경영진은 그렇게 말하고 증거를 제시할 필요가 있다. 회사가 참여했던 각종 공익 활동을 있는 그대로 보여 주고 오랫동안 해왔던 좋은 일을 생각하면 현재의 문제는 눈감아 줄 수 있는 수준이라고 믿고 싶어하는 사람들에게 진실을 말해야 한다. 또한 문제가 있다고 해도 해결하겠다는 의지를 보여 주어야 한다.

그리고는 아침 뉴스 프로그램과 CNN, 각종 뉴스 채널, 라디오 대담 프로그램, 세계 각지의 TV 뉴스, 잡지에 사실을 이야기한다. 미디어 전문가들은 여론에 영향을 주어 유리한 방향으로 돌리는 방법을 잘 알고 있다.

반면에 회사가 실제로 잘못을 했다면, 현재의 경영진이 뒤로 물러나고 변호사들이 법의 테두리 안에서 최선을 다하면서 다음 경영진을 새로 뽑아 실권을 잡고 회사를 새롭게 이끌어가게 하는 계획을 잡는 방법이 타당할 것이다.

하지만 불행하게도 엔론의 경우에는 사건이 터지자마자 최고

경영자들 모두가 자신들은 아무 죄가 없다고 발뺌하기에 급급했다. 그들은 각종 텔레비전 프로그램과 청문회에 나와서는 교만한 모습을 보이고 미국 최고의 명문 학교에서 MBA를 받은 경영자라고 생각하기 힘든 거짓 해명을 하여 불신을 심어주기만 했다. 상황이 더욱 악화되었고, 엔론의 회계사들은 한 걸음 더 나아가, 엄청난 자문 수수료를 받았으면서도 자신들은 아무것도 몰랐다고 발뺌했다.

엔론과 회계법인의 경영자들이 직접 나서서 잘못된 행동에 대해 책임지겠다는 자세를 보여 주었다면, 두 회사는 어려움을 극복했을 수도 있다. 잘못을 인정하고 사죄한다면 용서를 받을 수도 있는 것이다.

위기 관리 전문가들은 진실은 진실처럼 보여야 한다고 말한다. 대충 변명하는 정도로는 위기에서 벗어날 수 없다는 말이다.

문제의 심각성을 고려했을 때 엔론이 각종 의혹을 완벽하게 벗어 던지고 살아남을 가능성은 희박했다. 따라서 아직 가능성이 있는 부분을 분사시키거나 매각하여 새로운 이름으로 회사를 꾸려가도록 하면서 투자자의 손실을 어느 정도 보상하는 기회를 마련하는 편이 좋았을 것이다. 이렇게 분사시킨 기업들도 언젠가는 새로운 지주 회사에 의해 다시 통합되면서 엔론의 명맥을 유지시킬 수 있을 것이기 때문이다. 그리고 새로 설립된 기업은 물적·인적 자원 일부를 공익마케팅에 투자하여 다시 사회적 책임을 다하는 좋은 기업으로서의 이미지를 쌓아나갈 수도 있다.

화려한 역사와 명성을 자랑하는 회계법인도 그 업계에서는 흔한 인수 합병을 통해 다시 태어날 수 있다.

다행스럽게도 이 정도가 최악의 상황이며, 모든 위기 상황이 이렇게까지 심각하지는 않다. 하지만 모든 것은 상대적이다. 잘못된 경영 방식, 불법적인 행동, 오만한 모습은 어느 기업에서나 발견되며, 공익 사업을 후원하거나 모금 행사에 참여하는 것으로 그런 행동을 숨길 수 없다.

그렇기 때문에 기업에 대한 일반 대중의 신뢰가 심각하게 흔들리고 있다. 적어도 매년 좋은 뉴스와 모든 사람의 눈길을 사로잡는 스캔들이 한 건씩 발생하는 경우라 해도 마찬가지다. 기업 전체의 정직성을 의심하고 냉소적으로 바라보는 분위기가 지배적이다.

"깨닫지 못하는 사이에 최근 들어 미국 기업의 이미지가 크게 훼손되었다." 플로리다 주 팜 코스트에 위치한 '기업기부경영아카데미(Corporate Contributions Management Academy)' 이사장인 커트 위덴은 이렇게 말했다. "얼마 전에 허만 밀러의 맥스 드 프리 회장은 지금처럼 기업에 대한 부정적 인식과 반대 정서가 높았던 적이 없었다고 한탄하기도 했다. 루트거스 대학교 '월트 휘트먼 민주정치·문화센터' 책임자로 있는 벤자민 바버도 마찬가지다. 그는 주식회사 미국이 공익 사업에 관심이 없다며 비판의 소리를 높였다."

또한 위덴 이사장은 "기업들이 보여 준 행동은 많은 미국인을 더욱 멀어지게 하고 있다. 현재 사람들이 보이는 기업에 대한 반감을 바꾸어 놓는 유일한 방법은 그 행동을 바꾸는 것이다"라고 주장한 유명 작가 G. J. 마이어의 말을 인용했다.

제2차 세계대전 중에 미국을 단결시켰던 사람들을 '위대한 세대(the greatest generation)'라고 부른다. 그들의 아이들인 베이비붐 세대는 '미 제너레이션(me generation)'이라고 부른다. 새로운 번영의 시기에 태어난 베이비붐 세대는 현실적인 행복과 만족을 추구한다. 이 세대의 이기심에 필적하는 유일한 세대는 바로 베이비붐 이후 세대라는 보고가 있다. 특징을 간단하게 요약하면 이렇다.

- 냉소주의가 팽배한 시대이다.
- 그린메일(주가 조작을 통한 경영권 위협이나 이익 확보 : 역주) 과 기업 사냥이 많은 기업을 죽음으로 몰아넣었고, 이는 기업의 탐욕을 주제로 한 베스트셀러 책들의 단골 소재가 되었다.
- 기업, 언론, 정부에 대한 일반 대중의 신뢰가 낮다.
- 미국의료협회(AMA), 미국심장협회(AHA), 미국암학회(ACS) 등 한때는 대중의 신뢰를 받았던 단체들은 이름과 로고를 기업에 팔아 돈벌이를 했다는 혐의를 받았다.
- 텔레비전, 신문, 인터넷 등 각종 매체는 루머를 사실처럼 유포하고 선정적인 뉴스를 과도하게 다루고 있다.
- 변호사나 언론을 비롯해 거의 모두가 기업과 경영자를 궁지로 몰아넣었다는 비난을 받으면서, 개인과 기업의 사회적 책임은 낡은 개념으로 인식되어 버렸다.

- 기업을 희생양으로 삼아 자신들의 이익을 추구하는 이익 단체들이 조직되고 있다. 이 단체들의 힘이 더욱 커지고 더 많은 성공을 거둠에 따라, 공격의 강도 역시 더욱 강해지고 있다.
- 특정 기업, 브랜드, 공익 사업을 좋아하지 않는 사람들은 기자 회견을 열고 보도 자료를 배포하고 언론 매체를 활용하여 압력을 행사한다.

이런 것을 보면 지금이 기업을 세우고 경영하기에 가장 나쁜 시기처럼 보인다. 하지만 《위기마케팅 : 좋은 기업에 나쁜 일이 생기면 *Crisis Marketing : When Bad Things Happen to Good Companies*》에서 나는 모든 사람이 가장 좋지 않은 시기라고 생각하는 시점에 가장 큰 성공을 거둘 수도 있다고 주장했다.

공익마케팅 프로그램은 사람들의 인식을 바꾸고 호의적인 생각을 갖게 하며 기업 이미지를 개선시키고 기업 규모나 업종, 지역 등에 관계없이 기업과 기업 경영자를 신뢰하게 만드는 확실한 기회를 제공한다. 맥도날드의 설립자가 증명했듯이, 고객과 이해관계자에 대한 관심과 사회적 책임 의식을 보여 주는 기업은 근시안적이고 이기적인 기회주의자들이 아무리 극성을 부려도 끄떡하지 않는다.

공익마케팅 프로그램을 통해 기업과 해당 공익 사업, 일반 대중 모두가 혜택을 볼 수 있으며, 아무리 힘든 시기가 닥쳐도 기업이 의지할 수 있는 신뢰의 토대를 만들 수 있다. 건전한 시민의식을 지닌 기업이 되고자 노력한 기업과 비영리단체는 힘든 시절이 와도 사람들의 지지와 호의를 바탕으로 모든 어려움을 이겨낼 수 있다. 일반 대중의 호의적인 인식과 좋은 평판은 위기의 순간에 생존의 길과 파멸의 길을 갈라놓는 결정적인 역할을 하는 것이다.

이제는 공익마케팅 프로그램 준비를 위해 해왔던 사항을 다시 점검할 때이다. 적어도 다음 사항이 끝나 있어야 한다.

- 기업과 비영리단체 사이의 파트너십 구축
- 특정 공익 사업의 목적을 명확하게 규정한 문서 작성
- 명확하고 간결한 마케팅 계획 수립(상황 분석, 목표, 전략 및 전술, 일정, 예산 등 포함)
- 역할 및 책임 분담
- 직원, 고객, 규제 당국, 기타 이해관계자와의 효과적인 커뮤니케이션 방법 확립

이 모든 것을 갖추었다면 이제는 공익마케팅 프로그램을 본격적으로 시작할 준비가 다 갖추어진 것이다.

거의 다…….

위기마케팅 계획

대부분의 마케팅 계획에서 흔히 간과되는 부분이 최악의 경우를 가정한 대비책인 '위기마케팅 계획(crisis marketing plan)'이다.

비즈니스에서 위기(crisis)는 회사에 큰 영향을 주는 사태를 설명하는 상대적인 개념의 용어이다. 경영자가 연루된 스캔들, 파업, 적대적 인수 합병, 제품 품질 문제, 리콜, 시사프로그램 제작책임자가 방문하고 싶다는 전화 연락 등 모든 것이 '위기' 상황이라 할 수 있다.

2000년 여름 포드 자동차와 관련된 교통 사고 수백 건이 타이어 불량 때문이라고 하여 포드와 파이어스톤 사이에 발생했던 분쟁을 생각해보자. 아니면 평균 이상의 치명적인 결함이 발견되었다는 주장에 직면한 비행기 제조회사의 경우를 생각해보자. 또는 삼천 개나 되는 체인 호텔 가운데 어느 한 곳에 대한 조사 결과를 근거로 그 호텔 전체가 안전하지 못하다고 주장하는 선정적인 텔레비전 프로그램은 어떨까? 극단적인 예이기는 하지만, 거의 모든 업종의 어느 회사에서나 일어날 수 있는 실제 상황이다.

공익마케팅 프로그램에 영향을 주는 위기 상황으로는 자금 관련 스캔들(예를 들어 '유나이티드 웨이' 책임자들이 자금을 개인적인 용도로 전용한 사실이 밝혀진 경우), 사전 통고도 없이 파트너십 관계의 기업이 파산 신청을 하는 경우와 같은 또 다른 종류의 재정적 문제(엔론은 'BGC(Boys & Girls Clubs)'와 '휴스턴 발레'를 비롯해 많은 단체와 공익마케팅 파트너십을 형성하고 있었다), 외부 압력에 따른 CEO나 프로그램 책임자의 사임(미국 적십자 책임자는 기부자들이 생각한 것과 다른 목적의 사업에 자금 배당을 결정했으며, 그런 조치에 대한 비난이 커지자 결국 사임하고 말았다), 근무 조건이나 미숙련 노동자의 채용, 법률로 규정된 보고서의 미제출로 인한 이익 단체의 압력 등이 있다.

큰 스캔들도 있고 상대적으로 사소한 것도 있지만, 대개는 변호사가 정신없이 뛰어다녀야 하고, 대변인은 계속 걸려오는 전화와 카메라 세례를 받아야 하며, 언론에서는 좋은 취지로 파트너십을 맺은 기업과 비영리단체가 의혹의 대상이 되고 있다며 연일 기사를 내보낸다.

이런 사태가 아예 일어나지 않도록 할 수는 없지만, 적어도 피해 규모를 최소화하기 위한 조치는 취할 수 있다.

문제 상황이 발생하기 전에 해야 할 일

일단 위기 상황이 발생하면, 기업이 취하는 모든 행동은 일반적으로 변명이자 자기 보호 차원의 반작용으로 받아들여진다. 가장 좋은 위기 관리 방법은 문제 상황이 발생하기 전에 조치를 취하는 것이다. 문제가 일단 발생하면 통제가 거의 불가능하기 때문에, 신임 CEO가 오거나 다음 회계연도까지 위기 상황에 대한 대응을 미루자는 주장이 힘을 얻을 수 있지만, 차라리 시카고 커브스가 월드시리즈에서 우승하기를 기대하는 편이 나을 것이다. 지금 당장 시작해야 한다.

위기 상황이 발생하기 전에 회사가 활용할 수 있는 무기를 미리 마련해두어야 한다. 기본적으로 다음과 같이 대비한다.

- 적극적인 홍보 활동을 통해 우호적인 분위기를 만든다. 전후 사정을 널리 알린다.
- 좋은 소식이 있으면 조기에 자주 말한다. 단순히 보도 자료를 배포하고는 그 정도로 충분하다고 생각하면서 전화가 걸려오기만 기다리지 말아야 한다.
- 여러분의 회사에 대해 일반인들이 알게 되는 첫 번째 뉴스가 나쁜 것이 아니도록 한다. 좋지 않은 첫인상을 심어줄 수 있다.
- 무엇을 말하건 정직해야 한다. 믿음이 가도록 말한다. 이미 불신 받고 있다면 여론을 돌리기가 더욱 어렵다.

홍보. 홍보는 기업, 단체, 브랜드를 널리 알려 인지도를 높이고 좋은 이미지를 만드는 것이다. 광고 역시 마찬가지다. 하지만 비용 문제를 제외하면(일반적으로 광고에는 많은 비용이 소요된다), 주류 매체를 통한 홍보는 좋은 인상을 심어주며 특별한 비용을 치르지 않고도 강한 신뢰를 확보할 수 있다는 차이가 있다.

텔레비전, 신문, 잡지에서 어떤 기업을 "뛰어나고 뜻 있는 일을 많이 하며 업계의 선두주자이고 건전한 시민의식을 지닌 기업이며 일하기 좋은 곳"이라고 말하거나 이와 비슷한 좋은 표현

138

을 써가며 칭찬하면, 일반 대중 또는 목표 시장의 고객들은 그런 칭찬의 말을 듣고 기억한다. 또한 '주목할 가치가 있는 기업'이라고 소개되면 실제로 주목의 대상이 된다.

이 외에도 좋은 이야기는 언론 매체의 데이터베이스에 축적되어 나중에 그 회사에 관한 정보를 찾는 기자와 프로듀서들이 기초 자료로 활용할 가능성도 높다. 언론 매체에 종사하는 사람들이 열심히 일하기는 하지만, 언론에 소개된 대부분의 내용은 기자 자신이 직접 발굴한 결과가 아니라 기업의 홍보 담당자가 기자와 편집자에게 제공한 소재이다.

상황이 좋을 때 자신의 이야기를 언론 매체에서 다루도록 하는 첫 단계는 먼저 뉴스 거리를 언론 매체에 갖고 가는 것이다. 기자들이 올 때까지 기다리지 말아야 한다. 언론 매체에는 매일 수많은 이야기가 쌓인다. 자신의 이야기가 우연히 주목을 받아 기자나 편집자나 프로듀서에 의해 발탁될지도 모르지만, 수많은 회사 로고로 뒤덮여 있는 산더미처럼 쌓인 홍보 자료와 데모 디스크와 사진과 보도 자료 등등의 바다를 헤치고 필요한 것을 찾아내야 한다. 존재 자체를 아무도 모르고 어떻게 찾는지도 몰라 아무도 방문하지 않는 '킬러 웹사이트'처럼, 자신의 이야기를 적극적으로 전달하지 않으면 절대 목적지에 도달할 수 없다.

기업 경영자는 언론이 자기 회사를 주목하지 않는다며 홍보 담당자만 계속 질책한다. 이렇게 해서는 별다른 성과를 거둘 수 없다. 언론은 애써 쓸만한 이야기를 갖고 있다고 생각되는 사람을 찾아 나서는 수고를 하지 않는다. 경쟁업체는 〈포브스*Forbes*〉

나 〈비즈니스위크*Business Week*〉의 헤드라인을 장식하고 있는데 자기 회사 이야기는 〈월스트리저널〉 어디에도 나오지 않으면 아무리 큰 기업의 경영자라도 홍보 직원들만 닦달한다. 경쟁에서 뒤쳐지고 있는 기업들은 흔히 이렇다.

좋은 소식이 있으면 조기에 자주 말한다. 자기 이야기의 독특성과 우수성을 강조한다. 뻔한 이야기처럼 보일지라도 자신이 한 일을 많은 사람이 알도록 해야 한다. 비용 절감이나 실적 증가 같은 주장은 헤드라인을 장식할 정도의 소재는 아닐지 모르지만 웬만한 편집자나 기자가 무시하지 못할 정보가 될 수 있다. 비교 자료를 함께 제시하며 저비용·고품질을 주장하면 더욱 설득력이 있다.

여러분의 회사에 대해 일반인들이 알게 되는 첫 번째 뉴스가 나쁜 것이 아니도록 한다. 그렇지 않다면 좋지 않은 첫인상을 심어줄 수 있다. 이 말은 아무리 강조해도 절대 지나치지 않다. 많은 기업이 목표 달성에 필요한 시간은 충분히 있다고 생각하지만, 위기가 언제 일어난다는 경고의 메시지는 주어지지 않는다. 여러분의 기업이 좋지 않은 일에 연루되었다는 의혹을 일반 대중이나 언론 매체가 먼저 인식한다면, 그 회사에 대한 부정적인 이미지가 첫인상으로 자리잡아 오랫동안 지속될 것이다.

회사에 대한 좋은 뉴스를 만들거나 언론 관계 프로그램을 치밀하게 추진하지 못했다면, 공익마케팅 사업부터 시작하는 것이 좋다. 지역 사회를 위해 좋은 일을 한다는 기사를 통해 일반 대중이 처음 그 회사의 존재를 알게 된다면, 긍정적인 첫 인상을 심어줄 수 있다. 이미 잘 알려진 회사라도, 공익마케팅 사업에 참여한다는 소식은 회사의 명성을 더욱 높일 가능성이 있다.

정직해야 한다. 언론의 감시와 경쟁이 치열한 오늘날의 환경에서는 숨겨진 이야기를 찾아내려는 사람들이 많다. 여러분의 회사에 대해 사람들이 더 많이 알수록, 과장과 속임수를 피해야 한다. 허위 정보는 회사의 신뢰성을 떨어뜨린다. 공익마케팅은 실제로 좋은 일을 함으로써 혜택을 보고자 하는 것이다.

위기 상황 발생시 : 즉각적인 대응

위기 상황이 발생하면 사태의 본질과 분위기를 파악하고 규정하는 조치가 먼저 취해져야 한다. 위기를 기회로 보는 마케터도 있다. 회사에 대한 관심을 이끌어내면서 회사와 경영진은 아무 문제가 없다는 사실을 보여 주는 기회로 삼는다.

효과적인 위기 관리를 위해 다음 네 가지 사항을 고려해야 한다.

1. 신뢰성 있는 대변인을 한 명 정한다.
2. 먼저 말한다.

3. 현재 발생한 문제점보다 더 큰 맥락에서 회사와 공익 사업을 다루도록 한다.
4. 지속적인 커뮤니케이션이 중요하다. 특히 회사 내부의 이해관계자에게 자세한 정보를 계속 알려준다.

이 네 가지 사항은 아주 간단하게 보일 것이며, 실제로도 그렇다. 또한 많은 위기 상황에서 아주 효과적이었음이 증명되었다. 하지만 일부 기업이나 단체는 사태가 더욱 심각해져 최악의 상황까지 발전하면 이 정도의 조치로는 소용이 없다고 생각하기도 한다. 어떤 회사는 '너무 많이 생각'하면서 신뢰성이 없는 이야기를 꾸며내기도 한다. 창의성을 발휘할 때가 아니다. 좋건 나쁘건 입증 가능한 사실을 간단하고 직접적이고 압축적으로 말하는 편이 더 낫다. 믿음이 가지 않는 이야기를 꾸며내어 상황을 모면하려고 해서는 안 된다.

신뢰성 있는 대변인을 한 명 정한다. 회사 직원이나 공익마케팅 프로그램 실무자, 외부인 가운데 경험이 풍부한 홍보 전문가 한 명을 대변인으로 지정한다. CEO나 법률 고문이 대변인 역할을 맡아서는 안 된다. 홍보 담당자는 정확하고 압축적으로 보도 자료를 만들 수 있으며, 예상 가능한 질문에 대비하여 적절한 답변을 준비할 수 있으며, 직접적이고 솔직하면서도 필요할 때는 "잘 모르지만, 필요한 정보를 찾아 나중에 발표하겠습니다"라고 말하며 슬쩍 넘어갈 수도 있다.

대변인은 모든 질문에 답변할 필요도 없고 그렇게 기대하지도 않지만, CEO라면 다르다. 최고경영자가 어떤 질문에 답변을 하지 못하거나 하지 않으려 한다면, 이는 문제가 될 수 있는 부분을 말할 의사가 없거나 사태를 정확히 파악하지 못했다는 의미로 해석될 수 있으며, 바람직한 인상을 전달하지도 못한다.

대변인은 만족스러운 답변을 만들어낼 시간을 벌 수 있다. 어떤 사람은 이런 것을 교묘한 거짓말을 만드는 행위라고 하지만, 절대 그렇지 않다. 긍정적인 부분을 강조하고 부정적 의미를 최소화시키면서 필요한 정보를 제공하기 위한 것이다. 이 선을 넘어 사실이 아니거나 사람들을 오도시킬 내용을 말하면 거짓말이 되는 것이다. 이것은 복잡하지도 않으며, 수십 년 동안 커뮤니케이션과 마케팅 분야의 전문가들이 활용해온 기술이다.

이 책이 변호사를 비난한다는 인상을 줄 수도 있는데, 실제로 재판에서는 이기고도 회사나 개인의 이미지와 명성을 엉망으로 만들어버리는 변호사들이 있다. 의혹의 시선을 완전히 거두게 하지 못하기 때문에 무엇인가 조작을 하여 잘못된 부분을 감추었다는 인상을 남기는 것이다.

물론 좋은 변호사도 있다. 그러나 언론의 질문에 답변하기를 거부하거나 "노 코멘트"라는 말만 남발하는 변호사는 위기 관리에 적합하지 않다. 완벽하게 옳거나 완벽하게 나쁜 것도 없고, 선과 악을 철저하게 구분할 수도 없기 때문에 법을 방패막이로 삼거나 너무 많이 말해 자극하거나 미리 모든 것을 인정할 필요가 없다. 경험이 풍부한 홍보 전문가들은 법의 함정을 잘 알고 있으며 상황을 더 악화시키지 않는 답변을 정확하게 만들어낼 수 있는 법률 전문가와 언제 협의해야 하는지도 잘 알고 있다.

또한 대변인을 한 사람 정해 놓으면 여러 말이 나오면서 오해를 불러일으킬 가능성도 피할 수 있다.

먼저 말한다. 사태의 전말을 먼저 말하는 것은 위기 상황의 전체적인 분위기에 영향을 줄 수 있으며, 문제가 지속되는 경우에는 회사의 장기적인 이미지에도 큰 영향을 주는 부분이다.

어떤 회사, 비영리단체, 공익파트너십에 문제가 있다는 점을 언론 매체의 누군가가 발견하거나 정보를 입수한다면, 그에 대해 대응하지 않을 수 없다. 그러나 일반적으로는 방어, 분노, 적대감 등 감정적인 차원의 반응이 대부분이어서 상황을 더욱 악화시킨다. 특히 그 문제가 널리 퍼지고 모든 사람이 알게 될 때까지 경영자 자신도 문제의 핵심을 정확히 모르고 있는 상황이라면 그런 감정적인 반응은 전혀 도움이 되지 않는다. 따라서 위기 관리 경험이 풍부한 홍보 전문가가 나서서 솔직하게 답변하고 문제가 되는 부분을 신속하게 바로 잡도록 하는 것이 좋다.

경영진이 큰 문제로 발전할 수 있는 사안에 대해 충분한 정보를 확보하고 있다면, 그럴 가능성에 대비하여 입장 정리부터 하는 것이 중요하다. 그런 경우에 문제는 항상 솔직하게 말할 것인가 아닌가 하는 부분이다. 아무도 모르게 문제를 해결할 수 있다는 생각 때문에 솔직하게 말하지 않는 기업도 있다. 물론 일반 대중, 언론, 주주, 직원, 규제 당국 등이 전혀 눈치채지 못하게 문제를 해결하고 넘어갈 수도 있을 것이다.

하지만 경험이 풍부한 위기 관리 전문가는 사태의 은폐를 절대로 권하지 않는다. 위험성이 더욱 크며, 나중에는 문제의 본질을 벗어나 미연에 막을 수 있었는데도 은폐시켜 더욱 커지게 했다는 비난까지 받을 수 있기 때문이다. 문제가 되는 부분이 법적 책임을 져야 하는 것이 아니라도, 회사나 단체의 명성과 신뢰성이 영구적으로 훼손될 수 있다. 또한 그 회사의 과거 문제와 그 문제를 은폐하려 했다는 이야기가 계속 언급될 것이다. 그런 말이 나돌면 인재를 뽑거나 법적 문제를 처리하거나 투자자를 유치하는 데도 장애가 된다.

가장 좋은 위기 관리 방법은 회사가 먼저 그 이야기를 솔직하게 말하는 것이다.

때로는 회사, 단체, 파트너십을 의혹의 눈으로 보는 사람이 있다는 말을 들었다는 정도로만 말할 수밖에 없다. 이 정도가 최선이다. 여기에 대변인이 한 마디 덧붙일 수 있다. "더 많은 정보가 확보되면, 곧 발표하겠습니다." 이와 같은 간단한 발표는 회사가 책임을 회피하려 한다는 인상을 주지 않고 사태를 진지하게 생각하면서 필요하면 책임지겠다는 모습을 보여 주는 첫 단계가 된다. 정보가 확보되면 상황에 따라 다르겠지만 사태를 통제하기가 훨씬 수월해진다. 그러나 아주 나쁜 사태에 이르더라도, 최소한 회사의 정직성과 신뢰성의 표시로서 먼저 발표했다는 사실 하나만이라도 건질 수 있다.

모든 위기 상황을 마케터들이 해결할 수 있는 것은 아니다.

뛰어난 능력과 풍부한 경험을 갖춘 사람들의 도움을 받더라도 해결할 수 없는 문제가 있다. 그러나 일반적으로는 전반적인 대외 홍보 기능을 담당하는 곳이 마케팅 부서이므로, 최악의 상황에서도 마케터는 위기 관리 전략 도출에 도움이 되는 전문성을 발휘할 수 있다.

위기 상황이 발생하면 경영자들이 보이는 첫 번째 반응은 법무 담당 부서나 외부 법률 자문 기관과 함께 문제 부분을 감추는 것이다. 법적 책임까지 져야 하는 최악의 상황에서도 마케팅 부서는 아무 일도 하지 못한다. 그러나 대부분의 위기 상황에서는 여론의 흐름을 읽고 회사의 앞날을 살펴볼 수 있는 눈을 가진 사람이 필요하다. 위기 상황은 결국 마케팅의 문제인 것이다.

마케팅 부서는 언론 매체 종사자와 좋은 관계를 맺고 회사를 홍보하는 데 많은 투자를 한다. 그러므로 마케팅이 위기 관리의 핵심 역할을 맡아야 한다. 위기 관리 업무의 대부분은 바로 효과적인 커뮤니케이션이다. 바로 여기에서 마케팅의 힘이 발휘된다.

회사와 공익 사업의 입장 정리. 현재의 위기 상황 자체보다 더 큰 전후 맥락에서 회사와 공익 사업의 입장을 정리하는 것이 필요하다. 봉사와 정직성의 오랜 역사를 가진 회사, 단체, 파트너십이라면 활용할 수 있는 부분이 많다. 지역 사회를 위해 무엇인가를 기여한 직원이나 자원봉사자가 있고, 그 회사나 파트너 단체가 추진한 프로그램을 통해 혜택을 본 많은 사람이 있으며,

그 동안의 공로로 받은 상이나 기타 다른 형태의 사회적 인정이 있을 것이다. 이 모든 것을 활용하고 이야기해야 할 때이다.

'지속적인 홍보 프로그램'은 실제로 문제가 있다는 일반인의 생각을 희석시킬 가능성이 높다. 상대적으로 주목을 받지 못했다고 해도, 과거의 활동 사항도 활용해야 한다. 사회적 물의를 일으키지 않고 오랫동안 사업과 공익 활동을 해왔다는 사실을 들어, 대변인은 회사가 과거에 특별히 주목받을 만한 실수를 하지 않았다고 자신 있게 말할 수 있다.

먼저 현재의 비정상적 상황 때문에 회사를 큰 문제 덩어리처럼 생각하지 말아야 한다고 강조한다. 창립 이래로 구축해 놓은 모든 것을 적극적으로 활용하는 것이다. 그렇게 활용할 만한 것이 없다면, 지금까지의 모든 활동 내역을 뒤져 지역 사회에 도움이 되었을 만한 부분을 찾아내야 한다.

"늦게라도 하는 편이 낫다"는 말은 마케팅 차원에서는 도움이 되지 않지만, 필요하다면 그렇게 해야 한다.

커뮤니케이션. 홍보 전문가는 회사를 많이 알려야 한다고 생각한다. 회사가 무엇을 언제, 왜 했는지 적극적으로 알리는 일이 바로 홍보 전문가의 역할이다. 지역 사회에 미치는 긍정적인 영향을 강조하면서 회사가 한 일을 널리 알린다. 특히 가까운 사람들, 직원과 자원봉사자, 기타 이해관계자에게 먼저 알린다. 이들은 그 프로그램의 지속적인 추진과 성공을 바라므로, 어떤 문제가 있다면 먼저 알아야 한다. 신문이나 친구 또는 가족을 통해 듣도록 하지 말아야 한다.

직원, 자원봉사자, 기타 이해관계자는 여러분의 편이 되고자
하는 사람들이다. 금전적으로나 감정적으로 투자를 했으며, 회
사나 공익 사업이 대중의 관심에서 멀어진다면 마찬가지로 치명
적인 영향을 받는다. 이들이 계속적인 지지를 보낼 마음을 갖게
할 정당한 이유를 제시해야 한다. 현재의 위기 상황이 치명적인
피해를 가져오는 그런 것이라면, 이들에게 먼저 사태의 본질을
정확하게 알려주는 조치가 더욱 중요하다. 다른 경로를 통해 알
게 하지 말아야 한다.

당당하고 정직한 자세

위기 관리는 사실을 바꾸어 놓는 것이 아니다. 사실은 사실이
다. 사람과 마찬가지로 기업도 어려운 상황에 처했을 때 어떻게
행동하고 대처하느냐에 따라 판단된다. 위기 상황이 발생했을
때는 "믿을 수 없고, 이기적이고, 무책임하고, 책임을 회피하려
고만 한다"는 말보다 "용기 있고, 성숙하고, 정직하고, 책임감
있고, 당당하고, 품위 있다"는 표현을 들어야 한다.

어떤 사람이 의도적이거나 실수로 하지 말아야 할 일을 하여
회사나 단체가 어려움에 처하는 수도 있다. 그에 따라 부정 행위
나 기타 불법적인 활동을 했다는 주장이 제기되면서 위기가 오
기도 한다. 아니면 그 동안 여러분의 회사나 회사가 추진했던 공

익 사업에 반대했던 이익단체들이 반대 여론을 조성할 수도 있다. 문제의 특성과 규모는 위기 상황이 발생했을 때의 대처 방안을 결정짓는 중요한 요소이다.

좋은 회사에 일회적인 나쁜 일이 벌어지면, 일반적으로 사람들은 곧 용서한다. 많은 기업(포드, 엑손, 디즈니, P&G)과 유명한 공익 관련 단체(유나이티드 웨이, 어린이를 구하자(Save the Children), 유니세프, 적십자)가 스캔들에 연루되어 치명타를 입거나 집중 포화를 받기도 했다. 문을 닫는 곳이 있으리라고 전망했던 사람도 있었다. 하지만 아직까지 문을 닫은 곳은 없다. 위기 상황이 발생했을 때 신중하고 적절하게 대처하면, 신뢰와 존중을 유지하거나 다시 찾을 수 있다.

사람들은 거짓말을 잊지 않는다. 교만과 배은망덕 역시 잊지 않는다. 어리석은 행동은 영원히 기억된다. 그러므로 문제가 발생하면 다음 사항을 반드시 기억해야 한다.

- 사람들은 일반적으로 문제점이나 위기 상황에 대한 솔직한 해명이 있으면 수긍하고 받아들인다.
- 사람들은 누군가 책임지는 모습을 보고 싶어한다. 끝없이 이어지는 질문에 대답하고 설명하는 누군가를 보고 싶어한다.
- 필요하면 피해 보상 약속과 사죄를 원하고 기대한다.
- 사람들은 문제를 해결하겠으며 그런 일이 다시는 일어나지 않게 하겠다는 약속을 원한다.

불행히도 압력단체와 이익단체가 사방에 널려 있다. 어떤 목적을 위해 단체가 조직되면, 그에 대한 '대항' 그룹(명칭은 근사하지만 구성원이 단 한 명에 불과한 경우도 있다)이 존재한다. 파트너십을 형성하여 좋은 공익 활동을 벌이기로 한다면, 그에 대해 반대 의견을 가진 단체가 형성되어 활동하리라고 예상할 수 있다. 비판적인 단체는 언론과 법체계를 교묘하게 활용한다. 대항 전략을 미리 구축하는 것이 적절한지 여부는 별개로 하더라도, 최소한 반대자의 주장을 파악하고 있어야 한다.

긍정적인 측면에서 보면, 많은 사람이 무슨 일이 벌어지고 있는지 관심을 갖고 본다고 생각할 수 있다. 케이블 뉴스 채널과 각종 텔레비전 프로그램에 어떤 사안에 대해 소리 높여 반대의 목소리를 내는 사람들이 등장하면, 일반 대중은 근거 없는 주장을 걸러내고 정보를 선택적으로 받아들여 판단하므로 오히려 홍보 효과를 낼 수도 있다.

일반적으로 사람들은 언론에서 다루는 이야기를 어느 정도 의심의 눈으로 바라본다. 그러한 냉소주의가 좋은 것은 아니지만, 근거 없는 주장과 소문을 사실로 받아들이지 않고 다른 쪽의 이야기도 듣고자 하는 이들이 많기 때문에 선량한 많은 단체와 개인이 생존할 수 있었다.

그리고 공익마케팅을 하는 기업도 계속해서 좋은 일을 하고 발전을 이루어 왔다.

| 제4장의 요약 |

- 🔲 다른 기업이나 단체의 공격을 주된 목적으로 하는 단체가 늘어나고 있다.

- 🔲 사회를 위해 좋은 일을 하고자 추진하는 공익마케팅은 신뢰를 쌓고 비판을 막아내는 데 도움이 되는 효과적인 방어 전략이다.

- 🔲 이익단체가 언론과 법체계를 교묘하게 이용하여 기업과 공익 사업을 공격하는 무기로 삼는 일이 증가하고 있다.

- 🔲 공익마케팅 프로그램을 추진하는 기업은 비판과 공격을 예상해야 하며, 피해 규모를 최소화하기 위한 전략을 개발하고 조기에 대응하여 위기 상황을 관리할 필요가 있다.

- 🔲 기업과 언론에 대한 일반 대중의 신뢰는 그 어느 때보다 낮다. 공익 마케팅을 통해 기업은 위엄과 정직성과 신뢰를 회복할 수 있다.

- 🔲 언론은 특종을 먼저 터뜨리겠다는 생각에 확인되지 않은 소문과 정보를 유포한다. 최악의 시나리오를 가정하고 공격과 비판에 대응할 준비를 해야 한다.

- 🔲 정직성과 효과적인 커뮤니케이션 도구, 적극적인 대응이 위기 관리의 필수 요소이다.

- 🔲 지역 사회를 위해 벌인 회사의 활동 내용을 미리미리 홍보하여 두면, 위기 상황이 발생했을 때 활용할 수 있는 대중의 지지를 확보하는 데 도움이 된다.

- 🔲 문제점이나 위기 상황을 비판 세력이 규정하고 통제하게 하지 말아야 한다. 문제가 발생하면 전후 사정을 먼저 말해야 한다.

- 🔲 위기 상황이 발생하면 사태의 전말을 직원, 자원봉사자, 기타 이해

관계자에게 먼저 설명하고 지지를 구한다.

▨ 현재의 문제점이나 위기 사태가 아니라 보다 큰 맥락에서 회사와 공익 사업의 성과를 설명한다. 지금까지 어떤 일을 했는지 말하고 현재의 위기는 수많은 좋은 일 가운데 단 하나의 오점이라고 격하시킨다.

▨ 사람들은 정직하고 책임감이 있으며 실수를 바로잡겠다고 말하는 기업을 용서한다.

▨ 회사 또는 공익 사업의 구성원이나 참여자는 회사나 공익 사업을 계속 믿고 싶어하지만, 그렇게 하기 위한 정당한 이유를 원한다. 그 이유를 설명하는 책임을 마케팅 담당자가 맡아야 한다.

Cause
Marketing
Marketing
Cause

| 제5장 |

2001년 9월 11일

se
keting
se Marketing
se Marketing Cause Marketing
se Marketing Cause Marketing Cause Marketing
se Marketing Cause Marketing Cause Marketing Cause Marketing
se Marketing Cause Marketing Cause Marketing Cause Marketing Cause Marketing

위기 상황에서의 공익마케팅

예상 가능한 비즈니스 위기도 있다. 불행한 일이기는 하지만, 냉철한 경영자는 공장 폐쇄, 제품 리콜, 이사진의 스캔들 같은 회사의 위신을 떨어뜨리고 주가를 곤두박질 치게 만드는 사태를 예상하기도 한다. 그러나 2001년 9월 11일에 발생한 테러 공격 사태와 그에 따른 엄청난 충격과 혼란을 예상한 사람은 아무도 없었을 것이다.

물론 테러 단체가 활동하고 있다는 사실은 누구나 알고 있다. 미국인들은 뉴욕과 오클라호마, 호화 유람선, 세계 각지의 군사 기지에서 이미 테러 공격을 목격했다. 그러나 조용한 아침에 모든 사람이 일터와 학교를 향해 가거나 집에서 편안하게 앉아 커피 한 잔을 마시며 텔레비전을 보고 있을 때, 테러리스트들이 비행기를 납치하여 펜실베이니아와 워싱턴의 국방부 건물, 그리고 미국 경제의 심장부인 맨해튼 중심에 자리한 세계무역센터 쌍둥이 건물을 공격하는 믿기 어려운 사태는 어느 누구도 예상하지 못했다.

세계무역센터 건물이 붕괴되었고 수천 명이 죽었으며, 뉴욕 중심가는 몇 주 동안 검은 연기에 뒤덮였다. 하지만 미국인들이 받은 심리적 충격은 훨씬 더 크고 오래 갔다. 테러 공격이 발생하자 많은 사무실과 공장이 문을 닫았고 각종 마케팅 프로그램과 홍보 활동은 사실상 보류되었다. 모든 항공기와 철도가 멈추었다. 텔레비전과 라디오는 하루 종일 뉴스만 내보냈다. 오락 프로그램과 스포츠 행사는 취소되거나 연기되었다. 모든 방송 매체는 상업 광고를 중단했다. 참사와 파괴의 현장이 방송되는 와중이었으므로 어떤 제품이건 광고 효과를 전혀 기대할 수 없었다. 모든 미국인이 하나로 뭉쳤다.

마케터를 포함해 일반 대중들은 환경 변화 이상의 큰 의미를 점차 깨닫기 시작했다. 어떤 식으로 발전할지는 아무도 몰랐지만, 이전과는 많은 것이 달라졌다는 사실은 분명했다. 광고나 마케팅 프로그램, 이벤트는 물론이고 일상 대화까지 모두 영향을 받았다. 과거에도 테러가 있었고 사회적으로 큰 영향을 주기는 했지만, 이번에는 액션 영화가 아닌 '진짜 나의 문제'라는 인식이 널리 퍼졌다.

슬픔과 추도의 분위기 속에서도 기업은 문을 열고 일을 해야 했고, 삶은 계속되어야 했다. 마케터의 입장에서는 신제품 광고나 홍보 활동을 요란하게 벌일 수 없었다. 시장 분위기에 어울리지 않았기 때문이다.

이 외에도 파산, 정리해고, 실업 등 테러 공격이 발생하기 전부터 미국 시장을 암울하게 했던 뉴스들이 연일 쏟아졌다. 이런 상황에서도 마케터들은 일을 해야 했다. 몇 개월 전부터 고심하며 세웠던 마케팅 계획을 버리고 처음부터 다시 시작해야 했다.

불확실한 경제 상황, 9월 11일의 비극적인 사건, 전쟁의 위협이 복합적으로 작용하면서 한치 앞도 내다볼 수 없는 완전한 혼란 상태였지만 그래도 한 가지는 분명했다. 거의 모든 미국 기업들이 적어도 일시적이나마 마케팅 계획을 보류하고 전략을 다시 생각하기 시작했다는 점이다. 이제 마케팅을 하려면 일간지에 제품 광고를 내보내면서 회사 로고 위쪽으로 추도사 한 줄 정도는 집어넣어야 하는 분위기였다. 소방대원과 경찰의 노고에 감사하고 위대한 미국을 찬양하는 문구를 광고판과 진열창에 표시하는 정도는 마케팅 차원이 아니더라도 당연히 그래야 하는 시대가 되었다.

마케터들은 전혀 가능성이 없어 보이는 상황에서도 새로운 기회를 찾아낸다. 위기마케팅은 가장 위협적이고 파괴적이고 불리한 상황에서도 어떤 기회가 있는지, 어떤 기회를 만들어낼 수 있는지 생각하며, 또 분명히 그렇게 할 수 있다.

하지만 물건을 사거나 축하하고 싶은 마음도 없고 심지어는 행복한 마음이 들면 죄의식을 느끼기까지 하는 사람들을 상대로, 자동차와 컴퓨터 게임과 고급 옷과 새로 나온 향수를 어떻게 팔 수 있을까?

과거로 되돌아가지 못할 것도 없다고 생각하기가 쉽지 않았지만, 전쟁과 경기 침체와 도산과 참사를 겪은 생존자들은 머리를 흔들고 한숨을 쉬는 것만으로는 새로운 삶을 시작하는 데 전혀 도움이 되지 않는다는 결론에 이르렀다. 그렇게 하면 종말을 더욱 앞당길 뿐이다.

연방준비제도이사회 알란 그린스펀 의장은 검증되지 않은 기업들이 엄청난 주가를 기록했던 닷컴 열풍을 "비이성적 과열(irrational exuberance)"이라고 불렀지만, 2001년 9월에는 그 반대의 현상이 벌어졌다. 기업들은 이해할 수 없는 공포와 불확실성이 가득한 환경에서 허덕였다. 확실한 것은 몇 시간 뒤에 또 다른 하루가 시작된다는 것밖에 없었다.

9월 11일의 테러 사태 이후 나타난 애국주의는 치유와 통합에 큰 역할을 했으며, 기업의 심리적 상처를 복구시키는 장치로도 작용했다. 그러나 목표, 전략, 전술, 예산이 분명하게 규정된 새로운 계획이 필요하게 되었다.

시장의 주목을 받은 것은, 수많은 마케팅 프로그램에서 들어보기 어려웠던 '창의성(creativity)'이란 단어를 반영한 방법이다. 다른 사람과는 다른 방법으로 해야 메시지가 기억된다. 따라서 상상력을 최대한 발휘한 혁신적인 방법으로 기업 또는 공익 사업의 메시지를 전달하여 강력한 인상을 심어주는 것은 마케터가 갖추어야 할 가장 기본적인 기술이다.

우선 제품, 브랜드, 회사, 공익 사업의 위상을 정확히 잡아야 한다. 특히 위기의 상황에서는 더욱 그렇게 해야 한다. 사람들은 가격, 품질, 가치, 이미지 등을 기초로 선택한다(하지만 반드시 이 순서대로 선택하지는 않는다). 사람들은 돈과 믿음을 보내 지원하기로 결정한 상대를 진짜 믿어도 되는지 알고 싶어한다. 또 다른 선택의 기회를 갖지 못하는 기업도 있을 것이다.

낙관주의 또는 마음의 변화?

2001년 9월 11일은 역사의 한 획을 그은 날이다. 그 날의 사건으로 인해 사람들의 일상 생활은 큰 변화를 겪었다.

비극적인 사태가 발생하면 사람들의 다양한 참모습이 드러난다는 옛 말이 다시 한 번 입증되었다. 언론은 그런 면을 정확히 잡아냈다. 맨해튼 중심이 파괴되자 약탈 행위가 뒤따랐다. 사기꾼들이 전화를 걸어 비극의 희생자를 위한 모금 활동을 한다며 돈을 내놓으라고 하다가 들통나기도 했다. 그런 일이 벌어지고 방송을 통해 알려지면서 이미 일반화된 냉소주의가 더욱 커져 갔다.

그러나 한편으로는 모든 일을 그만두고 현장으로 달려가 작은 힘이나마 보탠 사람들도 있었다. 테러리스트의 공격으로 무고한 시민 수천 명이 죽었으며, 건물이 붕괴되면서 수백 명의 경찰과 소방대원과 구조대가 죽었다.

레스토랑 사장과 종업원들도 모두 뛰쳐나와 힘을 보탰다. 그들은 사람들에게 무료로 식사를 제공했다. 건물 잔해와 연기가 도시 중심과 주변 지역을 뒤덮고 있는 상황에서 위험스럽기까지 한 행동이었다. 구조대와 뉴욕시 공무원, 의료진, 지역 주민 모두 정신이 없었지만, 그 혼란의 상황에서 진정한 우정과 도움과 지역 공동체 의식이 빛을 발했다.

인도주의적 행동과 사회적 책임을 다하는 눈물겨운 모습이 연일 보여졌으며, 현장에서 온 정성을 다해 일하는 사람들은 아무런 보상이나 인정을 바라지 않았다.

하지만 엄청난 홍보 효과를 기대할 수 있는 절호의 기회를 발견한 많은 기업은 기부금을 내놓으면서 사람들의 이목을 끌고 이미지 개선을 꾀하려 했다. 테러 공격이 발생하자 며칠 뒤부터 주요 일간지에 전면 광고를 내 테러 사태를 겪은 희생자를 애도하고 열성적으로 구조 활동을 벌이고 있는 사람들을 위해 도움이 되고자 한다며 금전적 지원과 구호 물품 제공을 선전하기 시작했다.

비극적인 뉴욕 현장에서 수천 마일 떨어진 곳에 사는 사람들이 읽는 〈뉴욕타임스 *New York Times*〉 9월 16일자 전국판은 전면 광고 18페이지와 기타 작은 광고들을 통해 테러 공격에 대한 분노와 애국주의와 노골적인 표현을 실었다. 〈뉴욕타임즈〉 광고비를 감안하면 전면 광고 하나의 광고비는 거의 10만 8천 달러에 이른다.(물론 〈뉴욕타임스〉는 비극의 희생자를 기리는 광고에 할인율을 적용했을 것이다.)

그 날 〈뉴욕타임스〉에 광고를 낸 회사 가운데는 신문 광고를 처음 하는 회사도 있었다. 이전에는 비극적인 사태를 당한 희생자에게 관심을 보일 필요성을 느끼지도 못했고 그렇게 하려는 시도도 한 적이 전혀 없는 회사도 많았다. 분명히 이 비극적인 사태를 최고의 홍보 효과를 얻을 수 있는 기회로 보았던 것이다.

물론 품위 있는 광고도 있었고, 무엇인가를 생각하게 만드는 것도 있었다. 이들을 긴진한 시민의식을 지닌 기업이라고 볼 수 있을까? 그런 것이 공익마케팅이었을까? 아니면 어떤 마케팅 활동이라고 볼 수 있을까? 몇 가지 예를 정리하면 다음과 같다.

- K-마트는 커다란 성조기를 전면 광고로 내보내 독자들이 신문을 오려 창문에 붙여 놓으라고 요구했다. K-마트의 이름이 아래 모서리에 분명하게 보였다.
- 푸르덴셜은 "신은 미국을 축복한다(God Bless America)"라는 문장을 전면 광고로 내보냈다.
- '푸에르토리코 국민'이 뉴욕 시민을 위로하는 광고는 많은 생각을 하게 하지만 독특했다.
- GM, A&P 슈퍼마켓, 시어스의 적십자를 돕자고 주장하는 전면 광고는 텍스트와 그래픽이 약했지만 강력한 메시지를 전달했다.
- EAI(Ethan Allen Interiors), CWPM(Cushman & Wakefield Property Management), 알리안츠 그룹, 메릴린치, 아온, 스테이플즈, 블루밍데일, 로드&테일러, 아메리칸 익스프레스 금융자문은 각기 희생자 가족을 위한 기도와 애국적인 메시지를 담은 전면 광고를 내보냈다.

- 홈 데포는 희생자 가족과 구조 활동을 위해 쓰겠다며 홈 데포 매장에 설치된 모금함에 시민들이 세금 환급금 수표를 넣어달라는 전면 광고를 내보냈다.
- J&R 뮤직 월드/컴퓨터 월드는 진심 어린 위로의 광고와 함께 회사 로고와 "뉴욕과 뉴저지 지역 배달료를 받지 않겠다"는 문구를 집어넣었다.

9 · 11 테러 사태가 발발한 지 일주일이 지나자 많은 기업이 더 독특하고 다양한 아이디어를 개발해 선보였다. 광고물, 광고판, 장식 단추, 배너, 기념 전시회 등이 사방에서 넘쳐 났다. 또한 마케팅 활동을 신문 광고에만 국한시키지 않았다. TV 광고, 웹사이트, POS 디스플레이, 전자우편 등 가능한 모든 매체가 동원되었다. 그렇다고 신문 광고의 위력이 사라졌다는 의미는 아니다. 〈뉴욕타임스〉 전국판에는 회사 로고를 휘날리며 수많은 전면 광고가 실렸다. 슬픔과 고통을 말하고 위로와 평화의 소망을 담아냈다. 그 와중에 전국적인 슬픔의 시기를 판매 증대를 위한 호기로 생각한 이기적이고 기회주의적인 기업들도 있었다.

- 모렐 앤드 컴퍼니는 뉴욕 소방대원, 경찰, 구급대원 가족을 위한 '슬픔과 감사의 포도'라는 자선 와인 경매 행사를 연다고 전면 광고를 통해 발표했다.
- 아메리칸 인터내셔널 그룹의 전면 광고는 자화자찬으로 가득했지만, 아메리칸 인터내셔널 그룹이 어떤 곳이고 무

엇을 하는지는 전혀 밝히지 않았다.

● 뉴욕의 한 변호사는 전면 광고를 통해 UF93 승객 모두에게 의회가 훈장을 수여해야 한다고 주장하는 편지를 의원들에게 보냈다.

● AOL 타임워너 광고는 AOL 타임워너와 함께 '9·11 펀드', 미국 적십자, 기타 자선 단체 다섯 곳을 후원하자고 독자들에게 호소했다.

● 〈뉴욕타임스〉는 희생자 가족을 돕기 위한 기금을 만들었다고 발표했다.

● 이 외에도 뉴욕과 뉴저지 항만관리위원회, 사우디아라비아 대사관, BAS(Banc of America Securities), ATA(Air Transportation Association), MTA(Metropolitan Transit Authority) 등이 전면 광고를 내보냈다.

며칠 동안 전국 주요 일간지에 수많은 전면 광고가 계속 실렸으며, 그 가운데는 더 기발한 것도 있었고, 광고를 내보낸다는 사실 자체만으로도 특이한 회사나 단체도 있었다. 대부분 연감, 연극, 감사의 디너쇼 행사를 후원하는 광고처럼 보였다.

테러리스트의 공격이 그와 같은 엄청난 기업 이미지 마케팅 물결을 불러오리라고 예상한 사람은 아무도 없었을 것이다. 이 외에도 〈타임스〉에 전면 광고를 내보낸 기업과 단체는 다음과 같다.

- 그레이터 포트 로더데일 컨벤션(Greater Fort Lauderdale Convention)과 사무국
- 바하마 제도
- 베를린 시민(고위 인사 9명이 서명)
- 그레이터 마이애미 컨벤션(Greater Miami Convention)과 사무국
- 로스앤젤레스 컨벤션과 사무국
- 레바논 공화국
- 그리스 정교회
- 세인트폴 화재해상생명보험
- 화이자
- 미국 테니스협회
- 리만브라더스
- 버라이존

또한 특정 계층을 대상으로 한 메시지를 담은 광고도 있었다.

- 〈뉴욕타임스〉는 존 레논이 부른 〈이매진 *Imagine*〉의 한 구절(Imagine all the people, living life in peace)을 인용한 광고를 내보냈다.
- 스타벅스 창립 30주년 기념 전면 칼라 광고를 내보내며 굵은 이탤릭체로 '9·11 기금'에 1백만 달러를 기부했다는 문구를 집어넣었다. 몇 주 뒤에 스타벅스는 또 다른 광고

를 내보냈다. "도움의 손길만큼 넓고 멀리 미치는 선물은 없다"는 제목 밑에 아무 그림도 없이 흰색 바탕에 다음과 같은 문구만이 실렸다.

"'스타벅스 케어 펀드'에 관심을 보여 주신 모든 고객과 파트너 업체에 감사드립니다. 스타벅스의 120만 달러 기부금으로 시작하여, '유나이티드 웨이 9·11 기금'을 위해 현재까지 총 250만 달러를 모았습니다. 이 돈은 희생자와 희생자 가족, 9월 11일의 비극적인 사태로 영향을 받은 모든 이들을 위해 쓰일 것입니다. 또한 뉴욕과 워싱턴, 펜실바니아에서 벌어지고 있는 구조 활동을 위해 커피 75만 잔을 기증한 직원 여러분께도 감사드립니다."

370만 달러는 굉장한 돈이다. 또한 평균 3달러 정도인 스타벅스 커피를 75만 잔이나 공짜로 주었다니 굉장히 인상적이라 할 수 있다.

- ABC 카펫&홈은 유명 작가인 디팍 쵸프라가 가족과 두려움에 대해 쓴 글을 인용한 전면 광고를 〈타임스〉에 내보냈다. 이 글은 이미 다른 곳에도 많이 실렸던 것이다.
- 토이즈러스 광고는 어린아이가 크레용으로 그린 듯한 성조기를 사용했다. 아래쪽의 광고 카피는 이렇다. "아이들이 그들의 진짜 색을 보여주도록 하자. 국기를 만들자. 차이를 만들자. 9월 27일~30일." 또한 "토이즈러스 매장에

서 열리는 성조기 그리기 행사에 아이들과 함께 참석하십시오. 모든 재료는 매장에서 공짜로 나누어줍니다"는 문구가 포함되어 있었다. 이 외에도 참석 어린이 한 명당 1달러씩을 토이즈러스 어린이 기금인 '9·11 의연금'에 기부할 것이며, 이 기금은 "9월 11일의 비극적인 사태로 인해 영향을 받은 모든 가족과 어린이를 위한 장학금 지원, 카운셀링, 기타 지원 프로그램에 사용될 것입니다"고 말했다.

● 다른 광고와 비교했을 때 상당히 글자가 많은 〈뉴욕타임스〉 광고에서, 야생동물보호협회는 위로와 애도의 말과 함께, 이번 사태로 희생된 협회 직원을 기리며 "9월 29일 토요일에 브롱크스 동물원, 뉴욕 아쿠아리움, 센트럴 파크, 프로스펙트 파크, 퀸즈 동물원 등 다섯 개 공원 입장료 수입금 전액을 복구와 구조 활동에 기부하겠다"고 밝혔다. 또한 "추수감사절 다음 날 열리는 협회의 연례 '브롱크스 동물원 홀리데이 라이트 쇼'에 지역 주민 모두를 초대한다"는 말도 덧붙였다.

● 아메리카 세컨드 하비스트(America's Second Harvest)의 전면 광고 내용은 이랬다. "아메리카 세컨드 하비스트는 지난 한 달 동안 뉴욕과 워싱턴에서 활동한 구조대와 자원봉사자들을 위해 도움을 주신 식품 업계의 협력업체 모두에게 감사를 드립니다." 청색과 적색으로 제작된 이 광고는 더 나아가 아시르카에서 유후 초콜릿 비버리지 컴퍼니에 이르는 130개 이상의 식품 회사와 기타 수많은 단체를 일일

이 나열하며 감사의 말을 덧붙였다. 각종 협회, 병원, 소매점, 기술 기업 등도 포함되었다. 마지막으로 "빈곤 타파를 위한 공익 사업에 많은 도움을 주었듯이, 이 어려운 시기에도 지원을 아끼지 않은" 수많은 기업들에게 "감사한다"는 말을 하며 광고를 끝냈다.

● 센사 펜(Sensa Pens)은 딜러들에게 보낸 홍보 자료에서 특수 제작된 '유나이티드 위 스탠드(United We Stand)' 센사 펜을 선보이며 "순이익 전액을 '유나이티드 웨이 9 · 11 기금'에 내놓겠다"고 약속했다. 앞서 이 회사는 '힐링 핸즈 재단(Healing Hands Foundation)'의 '힐링 핸즈 프로젝트' 지원을 위해 '세계에서 가장 기분 좋은 펜(The World's Most Comfortable Pen)'을 선보였었다.

● 9월 30일에 〈시카고 트리뷴 *Chicago Tribune*〉은 은은한 애국적 이미지가 풍기는 배경을 바탕으로 전면 칼라 광고를 내보냈다. 헤드라인은 이랬다. "우리는 완전히 바뀌었습니다. 그러나 공공의 선을 추구하는 우리 미국인의 탁월한 능력은 여전히 그대로입니다. 우리의 마음이 영원하듯이." 또한 '트리뷴 재난구조기금'과 '맥코믹 트리뷴 재단'이 5백만 달러 이상을 모금했으며, 재단의 출연금과 함께 총 750만 달러를 '어려운 처지에 놓인 모든 이들을 위해 활동하는 단체'에 지원하겠다는 말도 덧붙였다.

● 여러 자동차 회사들도 텔레비전과 신문 광고를 통해 테러리스트가 미국을 꺾어 놓을 수 없으며 …… 그러므로 자동

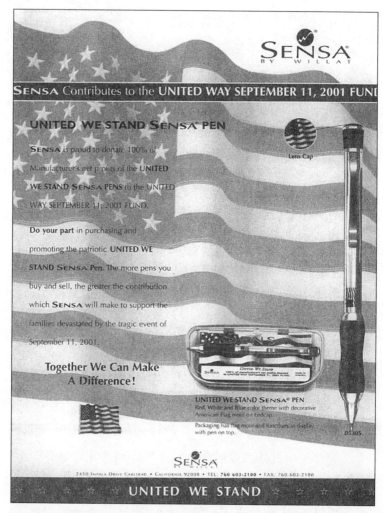

센사 펜은 이익금 전액을 '유나이티드 웨이 9 · 11 기금'에 기부한다는 약속과 함께 특별 제작한 '유나이티드 위 스탠드' 센사 펜을 발매했다. 희생자와 희생자 가족을 위해 도움이 되는 일을 하고자 하면서, 동시에 역사적으로 중요한 순간을 기념하는 간단하지만 의미 있는 물건을 갖고 싶어하는 사람들이 많아 이 펜을 찾는 이들이 많다고 한다. 앞서의 공익마케팅 활동을 통해 센사는 수익금 일부를 '힐링 핸즈 재단'의 '힐링 핸즈 프로젝트'에 기부하기도 했다. (자료 제공 : 센사 펜)

차를 새로 구입하는 것은 애국적인 행동이라고 선포했다. 포드와 GM 모두 애국주의의 한계를 시험하고 싶은 것 같았다.

● 디스커버 카드는 "5백만 달러 목표를 달성할 때까지 고객 여러분이 디스커버 카드를 사용하실 때마다 일정액을 떼어 구조 활동 지원금으로 내놓겠다"고 약속했다. 일상 생활을 통해 9 · 11 희생자와 그 가족을 도울 수 있다는 것이다. '디스커버 아메리카 플래그 카드(Discover America Flag Card)'를 발급 받으라는 말로 광고를 마무리했다.

주식회사 미국이 국기를 각종 광고물에 집어넣기 시작하면서, 엔터테인먼트 분야도 움직이기 시작했다. 콘서트가 열렸고 성금 모으기 행사가 이어졌다. 록 슈퍼스타들이 모여 콘서트를 열고 CD/DVD를 만들었다. 후원업체(비어 스턴스, 이베이, 포드, 펩시코, 비벤디 유니버설, 사운드뷰 테크놀로지 그룹)도 행사 지원금으로 최소한 1백만 달러씩 내놓았다. 소니 콜롬비아는 콘서트 음반 작업 비용으로 1백만 달러를 부담했고 CD와 DVD 발매 대금의 일정액을 뉴욕 자선 단체인 '로빈후드 재단'에 기부한다고 밝혔다.

컨트리 뮤직 스타, 브로드웨이 연극인, 흑인 음악 가수 등이 나름대로 모금 행사를 벌였다. 모든 사람이 '9 · 11 사태를 맞아' 뜻 있는 일을 하고자 했다. 한 기업 또는 한 개인으로서 중요하며 애국적이고 의미 있는 대열에 동참하고자 했다.

공익마케팅이 기업의 사회적 책임을 다하고 지역 사회를 위해 회사 자원을 투입하는 것이라 한다면, 9월 11일 사태 이후 대다수 기업이 맹렬하게 공익마케팅을 벌인 셈이 된다. 공익마케팅의 중요한 규칙 가운데 하나가 공익 사업의 동기가 너무 이기적으로 보이지 않게 해야 한다는 점임을 감안하면, 일부 기업은 비극의 순간을 노골적으로 홍보와 과시의 기회로 삼았다는 점에서 분명히 문제가 있다.

밥 가필드는 《광고 시대 *Advertising Age*》에서 이렇게 적었다. "수많은 성조기와 '신은 미국을 축복한다(God Bless America)' 문구는 별개로 하더라도, 현재 우리 눈앞에서 벌어지고 있는 것은 물건을 팔아야 경제가 계속 돌아가며 그렇게 하는 것이 애국적 의무를 다하는 유일한 길이라는 저급하고 기회주의적인 모습이다." 냉소적인 비판이지만 사실이 그렇다.

마케터는 가치, 품질, 가격, 이미지를 개선하면서, 제품과 서비스를 구매하고 이용하며 회사가 추진하는 공익 사업을 지지하는 사람들에게 그렇게 해야 할 정당한 이유를 전달하기 위해 항상 고군 분투하고 있다. 제품, 서비스, 공익 사업에 대해 목표 시장의 소비자가 좋은 인식을 갖도록 하는 것이 마케팅 전략의 핵심이다. 공익마케팅을 담당하는 마케터는 한 걸음 더 나아가 ① 회사에 적합한 공익 사업 주제를 파악하고, ② 그와 같은 생각을 갖고 실천하는 비영리단체와 파트너십을 맺는다.

그렇다면 애국주의가 환경 문제보다 가치가 떨어진다고 생각할 수 있을까? 비극적인 사태를 겪은 희생자와 그들의 가족, 지역 사회를 돕고자 하는 열정이 교육 사업보다 가치가 떨어지는 것일까? 물론 아니다. 어려운 처지에 놓인 이들과 지역 사회를 돕는 일은 건전한 비즈니스 의식, 시민의 의무를 다하는 기업 정신, 간단히 말해 좋은 마케팅의 핵심이다. 그러나 《광고 시대》에서 가필드를 비롯해 많은 마케팅 전문가들이 이의를 제기한 것은 동기의 순수성을 의심케 할 정도의 무차별적이고 노골적인 광고였다. 순수한 의도에서 출발한 다른 것들도 색안경을 끼고 볼 수밖에 없도록 만들었다.

기업이 공익 사업을 추진할 때는 합리적이고 논리적으로 타당한 파트너십을 구축하기 위해 신중해야 한다고 앞서 누차 강조했다. 공익 사업을 추진하는 기업과 그 공익 사업 자체의 신뢰성과 정직성을 사람들이 의심하게 해서는 안 된다.

또한 공익마케팅 활동은 독특하면서 실질적이어야 한다. 회사 건물에 성조기를 걸고(또는 광고물의 회사 로고 위에 성조기를 배치하고) 주차장 스피커를 통해 〈신은 미국을 축복한다 *God Bless America*〉를 크게 틀어놓는 식으로는 애국주의나 건전한 시민의식을 가진 기업으로서의 이미지를 효과적으로 보여 주지 못한다. 그런 식의 마케팅 전략은 창의성이 결여되어 있으며 독특함을 보여 주지도 못하며, 마케팅 예산을 효과적으로 활용하는 것도 못된다.

9월 11일의 비극도 과거의 역사가 되고 대중의 관심에서 멀어지고 있는 상황에서, 그 날의 분위기를 이용하여 회사의 이미지와 인지도를 높이고자 했던 기업들은 앞으로 어떻게 해야 할까?

171

지역 사회를 위한 봉사의 약속은 언제까지 지속될까? 비극적인 참사를 이용해 벌인 마케팅 활동은 수백만 달러를 들여 슈퍼볼 경기에 30초 짜리 광고를 했지만 경기가 끝나자마자 잊혀지고 말았던 수많은 닷컴 기업들과 같은 운명에 처해졌을 뿐이라고 마케팅 전문가들은 주장한다.

이름이 널리 알려진 기업일수록 위험성은 더 크다. 그런 기업들은 더 깊이 생각하고 신중하게 처신해야 한다고 주장하는 사람도 있다. "마케팅 담당자의 지식과 역량을 시험하는 시기이다." 노스웨스턴 대학교 통합마케팅커뮤니케이션 교수인 클라크 케이우드는 〈시카고 트리뷴〉에서 이렇게 말했다. "이런 시기에 마케팅을 하는 사람은 위험성도 충분히 파악해야 한다. 노골적인 홍보나 자랑이어서는 안 된다. 외줄을 타는 것과 같다."

메리어트 인터내셔널은 세계적으로 유명한 호텔과 리조트 체인 회사이다. 메리어트 호텔 하나가 뉴욕 세계무역센터 맞은 편에 자리하고 있어 테러 공격의 직접적인 피해를 입었다. 테러 사태가 발생한 2주 뒤에 J. W. 메리어트 주니어 회장은 호텔 데이터베이스에 입력된 모든 고객에게 전자우편을 보내 "9월 11일에 발생한 비극적인 사태의 희생자 모두"에게 "깊은 슬픔과 애도의 마음"을 표명했다.

"우리 메리어트 호텔과 오랫동안 인연을 맺어 주신 많은 분들이 우리에게 전화를 걸어 주셨습니다. 여러분의 관심과 격려의 말씀에 가슴이 뭉클해졌으며 진심으로 감사를 드립니다." 이렇게 인사로 시작된 편지는 계속 이어졌다. "세계 각지의 메리어트 직원들은 동료들을 돕기 위해 300만 달러 이상을 희사했습니다. 'J. 윌라드 앤드 앨리스 S. 메리어트 재단' 역시 '메리어트 직원부조기금'에 1백만 달러를 기증했습니다."

이 외에도 메리어트 인터내셔널이 "부시 대통령과 관광 업계 전체와 함께 미국이 다시 활기차게 돌아가도록 하기 위해 노력하고 있다"며 "르네상스 호텔에서 '메리어트 주말 보상 제도'와 보너스 마일리지를 제공하고 있고, 1,500개 이상의 메리어트 호텔 전체가 주말 특별 할인 요금제를 다시 시작했다"고 덧붙였다.

케이우드 교수가 "노골적으로 홍보하고 자랑하는" 식의 위험성을 경고를 했을 때는 이와 같은 편지를 염두에 두고 있었던 것 같다. 뉴욕에서 참사가 일어나자 메리어트 호텔을 이용했던 고객들이 유타 주에 위치한 본사로 안부 전화를 걸었다는 식의 말이 오히려 회사의 신뢰성을 훼손시킨 것은 아닐까? 이 편지는 서두에서 언급한 "깊은 슬픔과 애도의 마음"을 사람들이 갖도록 해야 했다.

《광고 시대》와 〈시카고 트리뷴〉은 많은 기업들의 광고에서 '애국적 흥분'을 목격했다. 〈트리뷴〉의 매체 비평가 스티브 존슨은 "독립선언문 구절까지 인용하여 요금 인하 조치를 대대적으로 광고한" 알라모 렌터카 업체를 대표적인 사례로 들었다.

수십 년 동안 어느 광고나 마케팅 캠페인에서 찾아볼 수 없었던 이러한 애국적 열정의 표현은 진정한 애국주의로의 회귀를 반영한 것은 아니었을까? 아니면 진짜 공익마케팅에 부정적인 이미지를 주며 테러 공격을 당해 상처 입은 사람들을 광고와 마케팅과 언론에 대해 더욱 냉소적으로 만드는 뻔뻔한 기회주의의 모습은 아니었을까? 이에 대한 대답은 각각의 경우별로 살펴보아야 할 것이다.

국가에 대한 헌신과 진정한 봉사의 마음으로 나선 사람들도 분명히 있다. 진실성은 떨어지지만 그래도 그런 상황에서 조금이나마 도움이 되고자 했던 사람들도 있다. 그렇기 때문에 하나의 상징을 중심으로 모두 모여 뭉쳤던 것이다.

또한 콘서트, 비디오, CD, DVD, 광고판, 티셔츠, 모자, 책, 장난감 등으로 행사를 기념하는 유형의 그룹도 있다. 교황 방문, 지구의 날 기념 행사, Y2K, 세계 기아 체험, 그리고 테러 공격 같은 것이 그런 행사가 될 수 있다.

많은 사람은 언론을 굶주린 괴물로 생각한다. 오늘의 특별 메뉴가 무엇인지는 중요하지 않다. 그러한 냉소주의의 시대에 그리고 9월 11일의 비극을 겪은 시대에, 뭔가 순수함을 바탕으로 한 좋은 것이 있으며 그런 생각을 가진 기업들은 다르다는 믿음을 갖고 싶은 욕구도 여전히 존재한다.

마케팅은 오늘의 날씨에 상관없이 제품과 서비스, 사회적 이슈와 공익 사업을 포장하고 홍보하며 가격을 매겨 판매하는 모든 비즈니스의 원동력이다.

마케터는 시장 사이클을 이해해야 한다. 9월 11일 이후의 불확실성과 침체 상태에 빠진 경제 환경에서, 일반 대중은 시장의 힘과 가치를 이해하고 시장과 경제를 살리며 이 세계를 더 나은 곳으로 만드는 데 일조하고 싶어하는 모습을 보였다.

사람들은 극장에 가고 차를 사고 휴가 계획을 짜고 공익 사업을 후원해야 할 정당한 이유를 찾고 있는 것처럼 보인다. 문제는 메시지를 올바로 잡아 창의적으로 전달하는 데 있다. 이런 부분이 마케터가 해결해야 할 과제이다. 경기 침체와 위기의 시기에는 더욱 시급하게 이 문제를 해결해야 한다. 그렇게만 된다면 큰 보상을 얻을 것이다.

일자리를 잃은 사람이나 무고한 희생자에 대한 생각과 그런 일이 다시 일어날 수 있다는 두려움에 사로잡혀 있는 사람에게 무엇인가를 팔기는 쉽지 않다. 하지만 마케팅을 하는 사람에게는 항상 존재했던 과제이다. 치밀하게 생각하여 더 나은 미래에 대한 기대를 담은 메시지를 창의적으로 제시해야 한다. 제품이건 공익 활동이건, 과거의 경험을 보면 시장은 비관주의보다 낙관주의에 더 좋은 반응을 보인다.

한 세기 동안 마케팅 종사자들은 아주 흥미로운 그림을 그리며 사람들이 그 속에서 자신들의 모습을 보도록 요구했다. 2001년 9월 11일의 사건은 그 그림에서 빛과 초점을 약화시켰다.

비극적인 사태의 희생자들을 위해 많은 기금이 새로 만들어졌다. 또한 뉴욕금융센터의 재건에 초점을 맞춘 기금도 있다. 경찰, 소방대원, 구조대원을 위한 기금도 생겨났다.

'기부 피로(donor fatigue)'라는 말이 있다. 돈이건 시간이건 약속이건 지지이건, 무엇인가를 주는 데도 한계가 있다는 의미이다. 9월 11일 이후 모든 관심의 초점이 한 군데를 향하면서 다른 중요하고 가치 있는 공익 사업들의 지원이 축소되거나 혹은 중단되었다.

〈뉴욕타임스〉에 이런 기사가 실린 적이 있다. "풍요와 성장의 시기가 끝나자 전국적으로 자선의 손길이 끊겼다. 자금줄이 끊어진 많은 단체들은 힘들게 사업을 꾸려가고 있다. 전국의 예술 단체와 일부 사회 봉사 단체들이 어려움에 처해 있다. 또한 풍요의 시기에 만들어진 수많은 자선 단체들, 특히 신흥 부호들의 주식 기탁에 주로 의존했던 단체들은 생존 자체가 불투명한 실정이다."

여전히 활발한 활동을 벌이는 단체도 일부 있지만, 많은 공익 사업이 결단을 내려야 하는 기로에 서 있다. 공익마케팅 사업을 시작하려는 기업에게는 이러한 현재의 상황이 새로운 기회라 할 수 있다. 사회적 책임에 더욱 민감해진 기업들이 공익마케팅 파트너십 구축에 새롭게 나서고 있다. 이런 상황에서 마케터는 위기가 지나간 이 순간 더욱 중요한 역할을 맡아야 한다.

위기 관리에서 생각해야 할 한 가지는 현재의 위기 상황을 극복하고 재구축 단계를 넘어 미래를 위해 회사와 공익 사업이 새롭게 자리잡고 나아가도록 하기 위한 전략 계획의 수립이다. 위기 상황이 아니더라도 마찬가지이다. 창의적이고 혁신적이어야 하며, 앞서 나가야 한다. 기회가 오기를 기다리지 말고 기회를 만들어야 한다. 아이디어를 내놓고 가치를 보여 주며 실질적인 혜택을 주어야 한다.

새로운 '빅 아이디어' 를 기다리는 동안, 앞서 효과가 있었던 프로그램과 아이디어를 다시 살펴보며, 필요하면 현재의 시장 환경에 맞게 조정한다. 때로는 가장 친근한 메시지가 큰 힘을 발휘한다.

애국주의도 마케팅의 기본 개념으로 활용된다면, 불행히도 사회 분위기의 변화에 따라 주기를 거치며 한계를 보인다. 성조기를 기본 개념으로 하는 또 다른 광고나 홍보 아이디어는 이제 상투적인 느낌까지 준다. 어쨌든 과거에 효과가 있었던 다른 것을 모방한 아이디어는 식상한 느낌만을 주며 기대만큼의 성과를 거두지 못한다. 기업이나 공익 사업의 위상을 창의적으로 새롭게 설정하고 성과와 혜택을 강조하는 것이 보다 믿을 수 있는 전략이다. 힘을 결집시켜 강대국을 이룬다는 기본 개념은, 규모는 다르지만 기업의 성공 원칙과 동일하다. 사회적 책임의식, 비즈니스 윤리, 정직성, 품질, 서비스, 가치가 바로 그것이다.

9월 11일 이후 약 4개월이 지나자 각종 행사와 콘서트, 신문 전면 광고 등이 점차 사라졌다. 뉴욕을 위한 모금 활동 차원에서 만든 콘서트 CD는 진열대 구석으로 밀려났고, 일반 대중의 관심도 휘청거리는 경제로 돌아왔다. 단결 의식도 점차 희박해졌고, 우수한 품질이 아닌 경쟁력을 깎아먹는 방식으로 시장을 파고들려는 공격적인 광고가 다시 등장했다. 비난의 목소리가 커지면서 희생자 유족과 구조와 재건을 위해 모은 수천만 달러가 어떻게 쓰이고 있는지 의문을 제기하기 시작했다.

적십자 총재는 자금을 원래 목적과 다른 곳에 유용했다는 비난을 받아 자리에서 물러났다. 몇 주 동안 적십자 총재의 행동에 대해 말이 많았으며, 자금 유용이 아니라 오해에서 빚어진 사태라는 주장도 제기되었다. 그러나 그러한 오해는 후원자와 기부자, 다른 공익 사업 지지자들을 불쾌하게 만들기 때문에 공익 사업에 심각하고 치명적인 피해를 줄 수 있으며 대중의 신뢰를 잃어버릴 위험성이 있다.

마케터는 공익마케팅 프로그램이나 캠페인을 시작하기에 앞서 오해가 생길 여지가 있는 부분을 찾아내 해결하고 오해의 소지가 없도록 하기 위한 계획도 치밀하게 검토해야 한다. 공익 사업을 추진하는 기업이나 단체는 그 공익 사업을 믿고 지지하는 사람들과 유대 관계를 형성할 수 있으며, 모든 사람이 혜택을 볼 수 있다. 그러나 어떤 순간의 기회를 통해 사람들의 감정을 이용하려는 기업이나 단체는 역풍을 맞을 위험성이 있으며, 속이 뻔히 들여다보이는 기회주의적 행동 때문에 지금까지 쌓아온 명성마저 훼손될 가능성도 있다.

비즈니스 위기(또는 9월 11일의 비극과 같은 엄청난 사태)를 정확히 예상할 수는 없다. 그러나 사회적 책임을 다하며 윤리적인 기업으로서의 명성을 구축하는 데 굳이 많은 비용을 들이지 않고도 할 수 있는 방법이 많다. 9월 11일의 사태와 그 이후에 발생한 일련의 사회적 현상에 대해 기업과 사람들이 보인 반응을 통해 마케터는 어떤 교훈을 얻었을까? 몇 가지만 정리하면 다음과 같다.

부적절한 반응을 피한다. 보통 수준 이상의 엄청난 비극적 사태에 대해 단순히 무조건 반사식의 반응을 피해야 한다. 위험성이 크기 때문이다. 그 사태를 사람들이 기억하듯이, 이후에 특정 기업이나 개인이 보인 행동 역시 사람들이 기억할 가능성이 높다. 그렇기 때문에 적절한 대응 방안을 계획하고 어떻게 행동해야 할지 결정하기 위한 전략을 짜야 한다.

이 때 마케팅 계획의 필수 요소(상황 분석, 목표, 전략 및 선술, 일정, 예산)를 검토해야 한다. 초점을 분명히 하면서 위기 상황에 대처하고, 어떤 식의 대응이 가장 적절한지 결정한다. 시장과 이해관계자가 자신의 계획을 지지할지, 아니면 부정적인 시각으로 바라볼지 생각한다.

기대 수준에 부합한다. 현재의 위상, 시장 분위기, 업계 동향을 모두 생각하면서 자신에 대한 기대 수준에 맞게 행동한다. 좋은 행동의 모델로 생각되는 다음의 예를 한 번 생각해보자. 맥도날드는 구조대원과 도움이 필요한 사람에게 음식을 무료로 제공했으며, 구조 활동에 1백만 달러를 기부했고 로날드 맥도날드 하우스가 추가로 1백만 달러를 내놓았다. 스타벅스는 커피 75만 잔과 1백만 달러를 기증했으며, 모금 활동을 통해 다시 1백만 달러를 확보해 지원했다. 마이크로소프트, GE, 다임러 크라이슬러는 테러 사태가 발생하자 곧 구조 활동을 위해 각기 1천만 달러 지원을 약속하여 다른 대기업들에게 일종의 기준을 제시했다. K-마트가 종이 성조기 수백만 장을 배포하자, 일반 대중과 직원, 투자자들은 시어스와 월마트가 어떻게 나올지 주시했다.

이기적이고 기회주의적으로 보이지 않게 품위를 지킨다. 희생자 가족과 뉴욕 시에 위로의 마음을 보여 주고 국가에 대한 확고한 지지를 보내는 광고를 〈뉴욕타임스〉와 기타 주요 일간지에 내보낸 기업들은(광고 한 번에 10만 달러 이상의 비용을 들여) 그 돈을 구조 활동이나 희생자 가족에게 현금으로 기부했다면 더 좋았을 것이라는 비판을 받을 수 있다.

실제로 많은 기업이 광고를 통해 투자자, 투자 은행, 주식중개인, 규제 당국, 고객, 일반 대중을 향해 이미지 마케팅을 벌였다. 이런 광고들은 '고상한 기업'으로서의 이미지를 보여 주기 위한 것이었다. 하지만 품위를 지키고 조심스럽게 접근해야 효과를 발휘할 수 있다. 노골적이고 이기적인 모습으로 비치면 역효과를 보기만 할 뿐이다.

기업 광고는 자화자찬 이상의 더 큰 목적을 위한 것이다. 물건을 사면 기부금을 내놓겠다며 구매를 강요하는 광고는 위험할 수 있다.

직원들의 자원 봉사를 지원한다. 기업의 사회적 책임을 다하는 가장 효과적인 방법 가운데 하나가 직원들의 자원 봉사이다. 일부러 광고를 하고 보도 자료를 내보내지 않아도, 헌혈을 하고 봉사 활동을 벌이는 직원들의 모습을 언론이 다루면 더 큰 효과를 얻을 수 있다. 반면에 봉사 활동을 홍보의 기회로 삼는다면 오히려 정직성과 신뢰성이 훼손된다.

가장 큰 힘을 발휘하는 공익마케팅은 상황을 정확히 파악하고 시간과 대상 지역을 잘 잡아 자연스럽게 주목받도록 하는 것이다. 수백만 달러를 투자하여 요란하게 봉사 활동을 벌이면, 언론과 일반인들은 단순히 사진을 찍기 위해 그런다고 생각한다. 조용하면서도 큰 효과를 낼 수 있는 방법을 찾아야 한다.

무차별적으로 아무에게나 전자우편을 보내 자신의 선행을 홍보하지 말아야 한다. 자신의 선행을 전자우편을 통해 알리는 행동은 바람직하지 않으며, 발신자가 억지로 인정받으려 한다는 인상을 주므로 부정적인 반응만 유발시킨다. 게다가 내용이 자화자찬으로만 되어 있고 속이 뻔히 보이는 것이라면, 발신자의 의도를 의심하며 나쁜 생각을 갖게 된다.

| **제5장의 요약** |

▨ 비극적인 사태를 통해 대중의 지지와 존경을 받는 기업으로 자리 잡
   을 기회를 만들 수 있다.

▨ 지금까지 사회를 위해 특별히 한 일도 없는 기업과 단체가 요란하게
   애국적인 모습을 보이며 허세를 부린다면 기회주의자이며 인기만을
   좇는다는 비난을 받을 수 있다.

▨ 기부금을 내놓겠다며 제품을 사거나 서비스를 이용하라고, 사람들
   에게 강요하는 식으로, 어떤 조건을 달아 선행과 뜻 있는 공익 활동
   을 연계시키는 방법은 진실성을 떨어뜨린다.

▨ 홍보 전문가는 광고하지 않고도 선행을 인정받을 수 있는 방법을 찾
   아내야 한다.

▨ 어떤 행동에 대해 사회적 인정을 받은 내용을 다룬 광고는 다른 사
   람에게 그 공적을 돌리고 감사를 드려야 하며, 자화자찬이 아닌 더
   큰 목적을 보여 주어야 한다.

▨ 사회적 책임을 다하는 기업으로서 자리를 확고히 굳힌 다음에, 일반
   대중의 그런 인식을 마케팅에 활용해야 한다.

제6장

공익마케팅 사례

우리 강산 푸르게 푸르게

제품 판매에서 거둔 성공만큼 공익 사업을 열심히 하여 온 공로를 인정받는 기업도 있다. 그런 기업에 대한 책도 많이 나왔고, 많은 사람이 그런 사례를 잘 알고 있다. 그러나 이 책에서 사례로 뽑은 회사는 그런 유명한 기업이 아니다. 공익마케팅과 기업의 사회적 책임에 대해 독특한 관점을 갖고 있는 BSR(Business for Social Responsibility)의 자료를 바탕으로 했다. 마케터나 일반 대중에게는 생소하지만, BSR의 연구 조사에서 콘아그라(ConAgra Foods), 에디 바우어(Eddie Bauer), 리즈 클레이본(Liz Claiborne), 타코 벨(Taco Bell), 타깃(Target), 팀버랜드(Timberland), 포드(Ford Motor Company), 그래퍼(Grapper Performance Group), 컴팩 (Compaq), 마텔(Mattel), 월마트(Wal-Mart) 등의 사례를 선정했다.

이들 기업 중에는 세계적으로 유명한 기업도 있고, 일부 지역에서만 이름이 알려진 생소한 기업도 있다. 공익마케팅을 추진하는 기업과 단체는 어떤 구체적인 부분에 특별한 관심을 가진 사람뿐만 아니라 일반 대중 모두가 공익마케팅 프로그램의 취지를 알도록 하는 것이 중요하다. 공익마케팅 프로그램을 잘 추진하거나 의미가 있고 목적이 좋은 것이라면, 당연히 모든 사람이 관심을 갖고 지켜보리라고 생각하는 경향이 있다. 하지만 실제로는 그렇지 않다.

광고, 홍보, 다이렉트 마케팅, 광고판, 확성기를 장착한 트럭 등을 동원해도 많은 사람이 크게 주목하지 않고 지나친다. 물론 마케터도 이 사실을 알고 있다. 그래도 수많은 계획을 치밀하게 짜서 마케팅 프로그램에 포함시키고 캠페인을 벌인다. 공익마케팅 프로그램이 지닌 인지도 향상, 우호적인 여론 조성, 열성적인 지지층 확보 등 다양한 가능성을 생각하면, 공익마케팅 프로그램은 충분한 가치가 있다.

간단히 말해 공익마케팅은 기업이 지역 사회나 특정 계층을 위해 의미 있는 일을 하는 것이며, 궁극적으로는 기업 역시 혜택을 보리라 기대하며 추진하는 것이다. 물론 순수한 마음에서 좋은 일을 하겠다는 목적으로 공익 사업에 뛰어들어 이름을 걸고 지원하는 기업도 있다. 하지만 경우에 따라서는 기업 이미지를 높이고 주가를 올리며 규제 당국의 환심을 사두려는 목적으로 추진하는 홍보 차원의 캠페인으로 인식되기도 한다.

한때는 좋은 일을 하기만 한다면 어떤 의도에서 하더라도 상관하지 않았던 적이 있었다. 적어도 누군가는 혜택을 볼 것이며,

결국 그것이 중요하다고 생각했다. 그러나 이제는 더 이상 그렇지 않다. 사람들은 관심을 갖고 지켜보며 여론을 만들고, 때로는 예상치 못한 반응을 보이기도 한다.

뭔가 냄새가 나는데

21세기를 맞은 오늘날의 사람들은 수많은 정보의 바다를 헤매면서도 더욱 정교하게 정보를 골라내고 처리하며 받아들인다. 일례로 1950년대와 1960년대 초반에도 선생님과 부모님들이 "흡연은 나쁘다"고 아이들에게 가르쳤지만, 당시 담배 회사들은 미국 군대에 담배를 기증했다. 담배 회사는 담배를 공짜로 계속 주었으며, 그러한 행위가 마치 좋은 일을 하는 것처럼 대대적으로 광고했고, 그것이 회사와 담배 브랜드 홍보에 좋다고 믿었다.

하지만 시대가 변했다. 이제 흡연은 건강에 치명적인 악으로 분류되었고, 경고문 부착과 광고 제한, 담배 구매 연령 제한 등을 규정한 특별법이 제정되기에 이르렀다. 그러나 일부 기업은 그러한 변화를 읽어내지 못했다.

필립 모리스(Philip Morris)

2000년 현재 세계 최대 규모의 담배 회사라 할 수 있는 필립 모리스는 많은 단체에 후원금을 제공하고 그 사실을 홍보의 기회로 삼아 엄청난 돈을 들인 광고 캠페인을 벌였다는 이유로 큰 비판을 받고 있다. 전면 컬러 광고가 〈피플*People*〉이나 〈타임 *Time*〉 같은 높은 판매 부수를 자랑하는 잡지에 자주 등장했다. 텔레비전 광고 역시 일요일 아침 뉴스 시간이면 등장했는데, 주로 부유하고 영향력 있는 사람과 법률 제정자, 정부 규제 당국이 아닌 일반 대중을 대상으로 하는 광고였다. 하지만 수백만 달러를 들인 광고는 아무런 효과를 내지 못했다. 또한 많은 마케팅 전문가와 일반인 모두가 그런 광고 캠페인을 공공연하게 비판하고 비웃었다. 흔히 생각하는 금연 단체만이 그런 비판적인 반응을 보인 것은 아니었다. 거의 모든 사람이 그랬다.

필립 모리스 대변인은 〈월스트리트저널〉 기자에게 필립 모리스는 "더 나은 세상을 위해 변화하고 있으며 더 많은 사회적 책임을 다하고자 하는 기업으로" 비쳐지고 있다고 확신한다는 말을 했는데, 사람들이 오해하고 있지만 실제로는 담배 회사가 좋은 일도 많이 하는 착한 친구라고 기를 쓰고 주장하고 있는 것이었다. 그것은 대중의 정서를 전혀 알지 못하고 현실을 똑바로 보지 않으려는 기업의 오만한 모습을 정확히 보여 주었다.

마케팅의 관점에서 보면 이런 태도는 기업 이미지만 훼손시키며, 무슨 말을 하고 어떤 행동을 하건 사람들이 의심하게 만든다. 많은 법률 제정자와 일반 대중의 비판에 직면하여 이미 수세에 몰려 있는 담배 업계와 대표적인 담배 회사인 필립 모리스로서도 이런 모습은 그리 바람직하지 못하다.

앞서 필립 모리스는 내셔널 아카이브(National Archives)가 주최한 "권리 선언(Bill of Rights)" 발표 200주년 기념 행사를 후원한 적이 있다. 대대적인 광고를 벌인 다섯 개 주(州)에 걸친 순회 전시회였다. 필립 모리스의 홍보 자료에는 "모든 사람의 눈과 귀와 가슴을 사로잡는 독특한 전시회이며 역사를 바로 알고 오늘에 되새겨 우리의 자유에 대한 새로운 이해를 바탕으로 세계를 바라보게 하는" 행사라고 기술되어 있다.

필립 모리스의 홍보 자료가 자유, 특히 필립 모리스가 목표로 하는 흡연 고객의 자유를 그렇게 분명하게 표현하지 않았다면, 그 홍보 문구는 사람들의 마음을 움직였을 수도 있다. 그러나 흡연가들은 미국 전역의 레스토랑과 공공 장소, 일반 건물에서 "밖에 나가 피우라"는 말을 듣고 있던 때였다. 이 경우에 필립 모리스가 주장한 자유는 일반인의 정서와 완전히 배치되는 것이었다.

필립 모리스는 자신들이 후원한 공익 사업 자체가 대중적 인기를 끌지 못했다는 사실을 깨달았기 때문에, 많은 사람이 인정하는 공익 사업을 외피로 삼으려는 전략을 취했던 것 같다. 그러나 숨겨진 의도는 제대로 숨겨지지 않았다. 필립 모리스는 길을 제대로 잡지 못했을 뿐만 아니라, 자기 변호 역시 간접적이고 두루뭉실했다. 흡연자들은 필립 모리스 담배를 계속 샀지만, 필립 모리스의 주장에 동조하는 사람은 거의 없었다.

필립 모리스의 목표가 흡연자 권리의 보호였다면, 다른 방법을 택했어야 했다. 필립 모리스가 사회적 책임을 다하는 건전한 시민의식을 지닌 기업으로서의 이미지를 얻고자 한다면, 보다 창의적이면서 노골적이지 않은 방법을 찾아내야 한다.

가장 일반적인 전략은 '감사의 말'을 활용하는 것이다. 회사 로고로 장식된 화려한 홍보물이 아니라, 보도 자료나 광고, 자체 문서에 필립 모리스의 혜택을 본 사람들의 '증언'을 넣어 활용할 수 있다. 필립 모리스가 지원했던 '밀스온휠스(Meals-on-Wheels)' 같은 비영리단체가 지금까지 해왔던 모든 성과를 언급하고 그렇게 하는 데 도움을 주었던 기업과 지원 규모를 나열하며 앞으로 어떤 일을 더 하겠다는 발표를 할 수도 있다. 이 경우에도 ① 필립 모리스의 입장만을 주장하는 노골적인 광고로 보이지 말아야 하고, ② 사회적 비난을 덜 받는 다른 기업과 함께 필립 모리스 이름이 나오도록 하며, ③ 겸손한 회사로 보이게 하고, ④ 한 번도 홍보하지는 않았지만 오랫동안 건전한 시민의식을 지녔으며 사회적 책임을 다하는 기업이라는 식으로 비쳐지게 하며, ⑤ 좋은 일을 하는 데 도움이 되어 기쁘게 생각한다는 공식 발표를 할 수 있는 충분한 이유가 되도록 하여, 이 회사가 완전히 나쁜 회사는 아니며 너무 지나친 비난을 받아왔다고 믿는 사람이 조금이나마 생기도록 해야 한다. 다시 말해, 분명히 필립 모리스는 담배를 팔았고 그런 사업은 나쁜 것이지만, 그것만이 전부가 아니라 좋은 일도 많이 지원했다는 생각을 갖게 하는 데 목적이 있다.

또 다른 방법은 회사가 지난 몇 년 동안 지원했던 공익 사업을 설명하는 광고 시리즈를 내보내는 것이다. 노골적인 방법이기는 하지만, 솔직하고 공개적이며 직접적이다. "필립 모리스— 고객이 생각하는 그 이상의 기업"이라는 식의 제목 밑에 수백만 달러의 돈과 물건(담배가 아니라 다른 물건)을 기부한 각종 공익 활동을 열거하는 것이다. 회사가 지원하는 단체 이름보다 필립 모리스를 다섯 배나 더 반복하는 값비싼 텔레비전 광고나 잡지 광고에 비하면 이 전략이 훨씬 더 효과적일 것이다.

모빌 오일(현재의 엑손 모빌)은 수십 년 동안 주요 신문에 홍보성 기사를 내보내 석유 산업과 관련된 논쟁적인 주제에 대하여 회사의 입장을 직접적으로 설명했다. 사람들이 항상 동의하지는 않았지만, 이 회사는 사건을 무마하거나 회피하려 하지 않았다는 점에서 인정을 받았다.

일반 대중은 기업, 특히 거대 기업의 직접적이고 솔직한 모습을 기대한다. 필립 모리스가 몇 년 동안 추진한 공익마케팅은 전혀 직접적이지 않아 보였다. 그렇기 때문에 2002년 1월 〈월스트리트저널〉이 60개 기업을 대상으로 조사한 결과에서 필립 모리스는 사회적 책임을 다하는 기업 순위가 59위에 머물렀던 것이다.

마케팅은 문제 해결의 길을 찾아내야 한다. 그러나 문제를 해결하기에 앞서 문제가 있다는 사실을 기업이 먼저 인정해야 한다.

도움의 요리법

기업이나 제품의 이미지에 부합하는 공익 사업과 관계를 맺는 것이 가장 좋다. 식품 업계의 세계적 선두 주자인 한 회사는 기업 방침과 목적, 제품 이미지에 적합한 공익 사업을 찾아냈다.

콘아그라(ConAgra Foods)

BSR(Business for Social Responsibility)은 콘아그라가 1999년부터 시작한 'FCB(Feeding Children Better)' 프로그램이 미국의 굶주리는 어린이를 위한 대규모 공익 활동으로서 가장 모범적인 사업이라고 소개했다.

미국 2위의 식품 회사이며 '헬시 초이스(Healthy Choice)'와 '버터볼(Butterball)'을 포함해 80종 이상의 제품 브랜드를 갖고 있는 콘아그라는 '아메리카 세컨드 하비스트(America's Second Harvest)'를 포함한 많은 단체와 파트너십을 맺어 ① 굶주리고 있는 어린이에게 먹을 것을 주고, ② 자선 단체에 더 많은 음식을 제공하며, ③ 굶주리는 어린이 문제에 대한 전국적 관심을 촉구하는 프로그램을 추진했다. 그 동안 상당히 많은 사회 봉사 활동을 해왔지만, 콘아그라 경영진은 중심이 없이 너무 산만하게 일을 벌였다는 생각을 했다. 하나의 공익 사업을 정해 장기적으로 추진하면 더 큰 효과를 볼 수 있으리라고 판단한 것이다.

매년 미국에서만 1,200만 명의 어린이가 굶주림에 시달리고 있다는 사실에 주목한 콘아그라는 이 문제를 핵심 공익 사업으로 선택했다. 식품 업계의 특성을 살려 전국 각지에 분포한 영업망을 적극 활용하는 FCB 프로그램이 시작되었다. 그 동안의 공익마케팅 경험과 마케팅 및 홍보 인력과 전문 기술을 활용한 콘아그라는 프로그램의 목표를 분명하게 정했다.

그리고 오랜 역사를 자랑하며 기아와 빈곤 퇴치에 큰 관심을 갖고 공익 사업을 추진하고 있던 아메리카 세컨드 하비스트를 찾았다. 미국 최대 규모의 구호 단체인 아메리카 세컨드 하비스트는 50개 주(州) 전체를 포괄하는 200개 이상의 '푸드 뱅크' 네트워크를 구축해 놓은 상태였다.

파트너십 관리를 위해 '콘아그라 FCB 재단'이 설립되었고 콘아그라, 아메리카 세컨드 하비스트, CHP(Center on Hunger and Poverty) 사이에 계약이 맺어졌다. 이렇게 하여 결성된 단체는 미국 저소득층 가정과 어린이의 생활 수준 향상을 위한 정책 개발을 목적으로 하는 터프츠 대학교 '기아, 빈곤, 영양 정책 센터'로 발전했다. 계약서에는 프로그램의 목적과 목표, 각 파트너의 역할이 명시되어 있다. 재단 이사장은 기업 측의 커뮤니케이션, 마케팅, 실무 인력 관리 등 전반적인 조정 역할을 맡았고, 아메리카 세컨드 하비스트의 커뮤니케이션 책임자는 비영리단체의 업무 전반을 조정하기로 했다.

콘아그라의 재정 지원 대부분이 재단을 통해 제공되었지만, 인식 제고 캠페인과 공익마케팅 홍보에 필요한 비용은 콘아그라의 여러 자회사가 확보한 마케팅 예산에서 충당했다. 이렇게 하여 모회사와 자회사 모두 FCB 프로그램과 관계를 맺었다.

공익 사업에 단순히 수표를 내고 마는 다른 기업과 달리, 콘아그라의 공익 활동은 실질적이고 구체적이다. 예를 들어 컴퓨터 소프트웨어 업데이트에 자금을 지원하여 푸드 뱅크 네트워크를 통해 이동하는 음식의 위치를 쉽게 추적할 수 있도록 했다. 이렇게 하여 쓰레기가 될 수도 있었던 수백만 파운드의 음식을 신속하게 활용할 수 있게 되었다. 콘아그라의 'RFD(Rapid Food Distribution)' 시스템은 아메리카 세컨드 하비스트가 음식을 기부 받아 나누어주는 절차를 혁신적으로 간소화시켰다.

또한 음식 운반용 트럭을 구매하여 지원했고, 지역별 비영리 단체 시설에서 아이들에게 무료로 식사를 제공하는 어린이만을 위한 프로그램인 '키즈 카페' 100곳에 자금을 지원했다.

프로그램 자체에 대한 일반인의 관심을 높이고 그 목적과 의미를 널리 알리는 것도 중요하다. '1999년 전국 푸드 뱅크 주간'에는 FCB 프로그램을 위한 행사를 벌였다. 이 행사는 언론 매체와 정치 지도자, 기타 영향력이 큰 사람들의 관심을 끌었으며, 특히 세계 기아 문제 해결에 관심을 가진 많은 단체가 참여했다.

CHP, 에드워드 케네디 상원의원, 기아 문제 해결을 목표로 설립된 많은 구호 단체와 함께 콘아그라는 언론의 주목을 받았으며, 미국 내 기아 문제에 대한 가장 포괄적인 분석 자료를 내놓기도 했다.

또한 매년 약 2,800만 달러의 예산으로 신문과 방송을 통해 멀티미디어 인식 제고 캠페인을 벌이는 광고위원회의 지원도 확보했다. 이외에도 콘아그라와 아메리카 세컨드 하비스트 웹사이트를 통해 캠페인에 관한 각종 정보를 제공하며, FCB 자체 웹사이트와 무료 전화를 통해 광고위원회 캠페인을 돕고 있다. 1999년부터 2001년 사이에 언론에서 8,600만 번 이상 FCB를 다룬 것으로 추산된다.

콘아그라의 여러 사업부 또한 적극적으로 프로그램에 참여했다. 콘아그라 브랜드 가운데 하나인 '카운티 라인 델리 치즈'는 FCB를 위해 미국 전역의 식품 매장에서 공익마케팅 홍보 활동을 벌였다. 수익금의 일부를 FCB에 기부한다고 발표하자, 매출액이 예상보다 16퍼센트 더 증가했고, '키즈 카페' 다섯 곳을 새로 만들 수 있을 정도의 돈이 확보되었다. 카운티 라인이 FCB 후원을 위한 활동을 계속하겠다고 발표하자, 브랜드 인지도는 더욱 높아졌다.

콘아그라 직원들도 공익마케팅 프로그램에 적극 참여했다. 1999년과 2000년에 콘아그라 CEO의 주도로 직원들이 20만 파운드 이상의 식품을 모아 기증했다. 70곳 이상의 콘아그라 공장과 사업장이 음식 기증 운동에 참여했으며, 이렇게 확보한 음식을 지역 사회 구호 단체에 기부하기도 했다. 이에 따라 콘아그라의 공익 사업에 대한 인식이 더욱 높아졌고, 콘아그라 직원과 지역 사회 사이의 유대 의식이 커져갔다. 지역 사회를 위한 직원들의 적극적인 프로그램 참여는 큰 성공을 거두었고, 콘아그라는 이후 그와 같은 행사를 매년 벌이기로 했다.

또한 콘아그라 직원들이 프로그램을 후원하고 그에 따라 더 큰 만족감을 얻도록 하는 또 다른 기회를 제공하는 차원에서, 기념 카드를 만들어 콘아그라 직원에게 판매했다. 카드 판매 수익금은 모두 콘아그라 FCB 재단에서 관리한다.

BSR의 '공익마케팅 파트너십 가이드라인'에서 지적했듯이,

공익마케팅 프로그램은 참여 기업과 비영리단체가 공통의 구체적인 목표를 정하고 역할을 분명히 정해 놓아야 가장 좋은 성과를 낼 수 있다. 콘아그라와 아메리카 세컨드 하비스트의 경우에는 굶주리는 어린이에게 음식을 제공하고 어린이 기아 문제에 대한 인식을 높이며 자선 단체의 음식 분배 체계를 개선한다는 목표를 공유했다.

콘아그라는 사회적 책임을 다한다는 기업 경영 철학을 구체적으로 실천하고, 지속적이고 파급 효과가 큰 공익 사업을 선정하여 추진하며, 콘아그라 식품을 취급하는 소매업체와 고객 모두와의 관계를 더욱 강화하고, 8만 명 이상의 직원과 열 개 사업부 전체를 하나로 묶어내며, 지역 사회를 위해 뜻 있는 일을 함으로써 직원과 고객 모두를 만족시킨다는 구체적인 목표를 정했다.

아메리카 세컨드 하비스트는 자체적으로 추진하는 캠페인과 각종 프로그램을 위한 자금을 확보하고, 활동 범위를 전국 차원으로 확대하며, 존경받는 기업과의 장기적이고 실질적인 파트너십을 통해 사업의 신뢰성을 쌓는다는 목표를 정했다.

콘아그라는 처음에 3년 계획으로 1,150만 달러와 수백만 달러 상당의 식품 기부를 약속했다. 콘아그라가 어린이 기아 문제에 관심을 보이면서 엄청난 결과를 낳았다. 콘아그라는 키즈 카페 47곳을 지원했으며, 각 키즈 카페마다 매년 평균 1만 2천 끼니의 식사를 제공했다(예정된 키즈 카페 모두 문을 연다면 매년 약 100만 끼니의 식사를 어린이에게 제공하게 될 것으로 예상된다). 또한 콘아그라가 개발한 RFD 시스템은 2000년에만 아메리카 세컨드 하비스트가 미국 전역의 푸드 뱅크를 통해 140만 파운드의 냉동 생선(전년 대비 40퍼센트 증가)과 3,600만 파운드 이상의 신선 식품(전년 대비 104퍼센트 증가)을 유통시키는 데 큰 도움이 되었다. 이 외에도 콘아그라의 자금 지원으로 트럭 29대를 새로 구입했고, 콘아그라의 여러 자회사는 각기 지역 사회와 더 강력한 관계를 구축했다.

콘아그라 입장에서도 큰 성과를 거두었다. 1999년에 FCB는 〈PR 위크PR Week〉가 선정한 '올해의 캠페인'과 '올해의 커뮤니티 캠페인'으로 선정되었고, 〈인사이드 PR Inside PR〉로부터 '최고 기업 사회 봉사 프로그램' 상을 받았다.

또한 사회적 책임을 다하며 건전한 시민의식을 지닌 기업 이미지를 심어주는 데 성공하여, 직원과 여러 사업부, 업계, 고객과의 관계도 개선되었다. 굶주리는 어린이 문제가 사회적으로 큰 관심을 끌면서 콘아그라의 명성은 더욱 높아졌으며, 이 프로그램에 참여한 모든 사람이 자부심을 갖게 되었다. 여러 측면에서 이해관계자 모두 혜택을 본 모범적인 사례이다.

위대한 아웃도어 매장을 계속 위대하게

현재의 언론 환경에서 기자들은 기업이 실수하기만 기다렸다가 기회만 있으면 무자비하게 달려든다. 때문에 아예 이름을 널리 알리지 않고 꼭꼭 숨어 지내며 총탄을 피하려는 회사도 있다.

하지만 차별화된 계획을 치밀하게 세우고 과감하게 앞으로 나서는 기업도 있다.

에디 바우어(Eddie Bauer)

에디 바우어를 이야기하면 사람들은 흔히 '그레이트 아웃도어(Great Outdoor)'를 떠올린다. 의류업체인 에디 바우어는 수십 년에 걸쳐 환경 운동가와 야외 활동 애호가를 위한 매장으로서 기업 이미지를 쌓아왔다. 그런 점을 생각하면 에디 바우어가 환경과 관련된 공익마케팅 프로그램을 장기간에 걸쳐 추진한 점은 너무나 당연하다.

오랫동안 다양한 프로젝트에 참여하기는 했지만, 에디 바우어는 1995년 전까지 전국적인 차원의 환경 프로그램을 벌이지 않았다. 그 때까지 환경 문제는 대부분의 기업이 소홀히 했던 부분이었다. 그러나 야외 활동 이미지를 쌓아온 에디 바우어로서는 환경 문제를 진지하게 생각하지 않을 수 없었다. 하지만 카탈로그 판매를 주로 하여 1990년 초반에는 카탈로그 제조에 사용되는 막대한 종이와 그에 따른 산림 파괴를 비판하는 환경 운동가들의 공격을 받기도 했던 에디 바우어로서는 약간 위험스럽기도 했다.

이에 따라 환경 문제에 적극적인 관심을 갖고 참여하기로 결정한 에디 바우어는 환경을 주제로 한 공익마케팅 프로그램 추진에 적합한 파트너를 물색하기 시작했다. 많은 환경 단체를 치밀하게 조사한 끝에, 결국 '아메리칸 포리스트(American Forests)'

로 좁혀졌다.

　아메리칸 포리스트는 미국에서 가장 오래된 비영리 환경 단체이며, 환경 복구를 위한 나무 심기 운동을 추진하는 세계적인 단체이다. 아메리칸 포리스트의 역사와 환경 운동가 사이의 높은 명성을 감안한 에디 바우어는 이 단체와 함께 공익마케팅 파트너십을 구축하면 모두에게 도움이 되리라고 판단했다.

　아메리칸 포리스트는 이미 독특한 자금 조달 방법을 개발하고 있었으며, 여러 기업과도 파트너십을 구축해 놓은 상태였다. 또한 에디 바우어와의 파트너십은 아메리칸 포리스트의 이미지와 위상을 보완하는 데도 도움이 된다고 생각했다. 에디 바우어와 아메리칸 포리스트는 1994년부터 협의를 시작했으며, 1995년 10월에 공식 파트너십 관계를 맺었다. 그리고 '에디 바우어 글로벌 리리프 트리 프로젝트(Eddie Bauer Global ReLeaf Tree Project)'를 시작했다.

　에디 바우어는 '글로벌 리리프' 프로젝트에 단일 기업으로는 가장 큰 규모로 참여했으며, 이 프로젝트는 에디 바우어의 핵심 공익마케팅 프로그램이 되었다. 2000년에는 '와일드파이어 리리프(Wildfire ReLeaf)'를 만들면서 아메리칸 포리스트의 나무 심기 운동 참여를 더욱 확대했다. 이 나무 심기 운동과 교육 프로그램은 산불에 의한 산림 생태계 파괴에 대처하기 위한 것이다. 매년 발생하는 많은 산불 때문에 산림이 파괴되고 있어 생태계를 복원시킬 필요성이 절실하다는 사실을 파악한 두 단체는 '와일드파이어 리리프' 부분에 집중하기로 했다.

에디 바우어는 처음에 마케팅 부서가 중심이 되어 이 프로그램을 추진하며 지역 문제 담당 직원이 필요에 따라 일부 지원하고 참여했지만, 시간이 지나면서 완전히 바뀌어 나중에는 마케팅, 회계, 홍보 부서 직원으로 구성된 특별팀의 지원을 받아 지역 사회 관련 문제와 대관(對官) 업무를 전담하는 부서가 전체 프로그램을 책임지게 되었다.

아메리칸 포리스트도 기업 관계 업무를 책임지는 실무자를 두고 있다. 에디 바우어가 여러 부서의 전문 인력을 동원하여 이 프로그램에 보인 상당한 관심은 공익마케팅 프로그램에 참여하는 기업의 역할과 중요성을 잘 보여 준다. 프로그램 운영을 위해 아메리칸 포리스트는 기부금의 1퍼센트를 공제한다. 에디 바우어 글로벌 리리프 트리 프로젝트를 위해 에디 바우어는 매출의 일부를 환경 보호 기금으로 쓰겠다며 고객들의 적극적인 참여를 요청하는 프로그램(Add a Dollar, Plant a Tree)을 도입했다.

회사 직원들은 월급에서 일정액을 공제하여 직접 기부하는 방식으로 참여하기 시작했다. CEO와 사장도 프로그램 홍보에 적극적으로 나섰으며, 고위 경영자 모두 마케팅, 광고, 기획 등 각자의 전문 지식을 발휘하여 프로그램을 지원했다.

에디 바우어 직원들은 자원봉사자로 일하면서 미국 전역에서 나무를 심었다. 또한 묘목을 아메리칸 포리스트에 전달하기도 했고 신용카드 회사와 연계하여 신용카드로 물건을 구매할 때마다 30센트를 기부하는 식으로 총 5만 달러를 확보했다. 또한 자체 예산을 확보하여 아메리칸 포리스트에 매년 자금을 지원하고 있으며, 현재까지 총 지원액이 25만 달러를 넘는 것으로 보고되었다.

이 공익마케팅 프로그램은 나무 심기를 비롯해 다양한 행사를 벌인다. 1999년 아메리칸 포리스트 컨퍼런스에서 에디 바우어는 250만 그루의 나무를 심는다는 당초 목표를 달성했다고 발표했다. 같은 해에 회사 설립자의 100번째 생일을 축하하면서 에디 바우어는 50만 그루의 묘목을 아메리칸 포리스트에 기증했다.

이 외에도 특별 CD를 제작하여 한 장 판매할 때마다 1달러를 에디 바우어 글로벌 리리프 펀드에 기부했고, 에디 바우어 매장에서 묘목을 선물로 주는 연례 행사를 벌였으며, 아메리칸 포리스트 창립 125주년을 기념하고 와일드파이어 리리프 프로그램을 홍보하기 위해 워싱턴에서 행사를 열기도 했다.

에디 바우어는 가능한 모든 방법을 활용하여 공익마케팅 프로그램을 추진했다. 매장 간판, 브로슈어, 인쇄물 광고, 에디 바우어 카탈로그, 회사 웹사이트를 통해 지속적으로 프로그램을 홍보했다. 직원 교육을 통해 프로그램의 의미와 목표, 진행 상황을 설명했다. 또한 아메리칸 포리스트 광고를 에디 바우어 후원으로 비즈니스 위크 특별판에 내보냈고, 〈아메리칸 포리스트 American Forests〉 잡지를 통해서도 프로그램의 취지를 광고했다.

에디 바우어는 글로벌 리리프 프로그램을 통해 7년 동안 500만 그루의 나무를 심고 총 500만 달러를 모금한다는 목표를 세웠었다. 와일드파이어 리리프의 목표는 2002년까지 100만 그루의 나무를 심는다는 것이었다.

또한 에디 바우어는 고객과 직원의 충성도를 높이고 환경 문제에 관심이 많은 기업으로서의 브랜드 이미지 강화를 목표로 했다. 동시에 아메리칸 포리스트의 목적은 나무를 심고 숲을 가꾸어 환경을 개선하는 것이었으며, 에디 바우어 고객과 직원들은 더 나은 환경을 만드는 데 참여하는 가시적이고 직접적인 기회로 삼았다.

에디 바우어는 공익마케팅 프로그램을 통해 환경 문제에 관심이 큰 기업으로서의 이미지를 더욱 강화하고 있다. 기부금을 내고 지속적으로 관리자와 직원들이 참여하는 다양한 프로그램을 추진하고 있어, 환경친화적 기업으로서의 명성을 더욱 높이고 유지해 나갈 것이다.

에디 바우어는 1999년 중반까지 에디 바우어 글로벌 리리프 프로젝트를 통해 200만 그루 이상의 나무(약 200만 달러 상당)를 심었고, 북미 지역 50여 곳 이상의 산림을 복구했다. 2000년 말까지는 약 300만 그루의 나무를 심었다. 에디 바우어 직원들은 7만 달러 이상을 모금했는데, 이는 직원들의 적극적인 참여를 보여 주는 증거이다.

에디 바우어-아메리칸 포리스트 파트너십은 '아메리카천연자원위원회(NRCA)'로부터 그 동안의 공로를 인정받아 상을 받기도 했다. 또한 에디 바우어와 아메리칸 포리스트가 추진한 공익 사업은 환경 문제에 대한 일반인의 의식을 높였고 마케터의 역할에 대한 인식도 일깨우는 계기가 되었다. 이 외에도 에디 바우어는 환경 문제가 제기될 때마다 더 이상 수세에 몰리지 않게 되었다. 에디 바우어는 자체 업무 절차도 검토하여 자원 재활용 프로그램을 추진하고 있다. BSR의 1998년 비공식 조사에 따르면, 북서부 지역의 에디 바우어 고객 가운데 90퍼센트는 에디 바우어가 추진한 공익마케팅 프로그램을 잘 알고 있으며, 반복 구매 고객들의 인식 수준이 특히 높은 것으로 나타났다.

여성을 위한 마케팅

전통적인 주부로서의 역할뿐만 아니라, 기업체 관리자나 경영자와 가계 예산을 운영하는 의사결정자로서 여성의 역할이 늘어나고 있음을 보여 주는 연구 조사 결과가 발표되면서 마케터에게 여성의 의미와 중요성이 더욱 커졌다. 여성은 일상 용품의 구매를 결정하며, 자동차, 보험, 보안업체, 여행 등 각종 상품에 대해 많은 정보를 확보하고 꼼꼼하게 비교한다.

일반적으로 여성은 〈배니티 페어 *Vanity Fair*〉와 〈하퍼스 바자 *Hapers Bazaar*〉 등 오랫동안 사랑을 받아온 화려한 잡지와 오프라 윈프리의 〈오*O*〉와 로시 오도넬의 〈로시 *Rossie*〉 등 새로 등장한 여성지의 목표 시장이었다. 한때 '여성을 위한 코너'로 불렸던 신문 지면이 이제는 '라이프스타일 페이지'로 바뀌었지만, 여전히 여성을 주된 대상으로 하고 있다. 또한 과거에는 남성만을 대상으로 했던 기업과 매체들도 여성을 주목하기 시작했다.

인구통계학적 측면에서도 마케터들은 다양한 범주에 속하는 여성들의 힘을 인정한다(대학을 졸업한 일하는 어머니, 가장의 역할을 맡은 일하는 어머니, 가정주부, 가정 용품 전문 기업의 경영자, 지역 사회 자원봉사자, 전문직 여성, 최고경영자 여성 자문 등). 얼마 전까지만 해도 상상하지 못했던 여성과 관련된 기회가 오늘날의 시장에는 넘쳐난다. 그러므로 공익마케팅 프로그램을 검토하고 있는 기업이라면 여성과 관련된 공익 사업을 찾아내는 데 아무 어려움이 없을 것이다.

그러나 획기적인 사고를 통해 굴레를 타파하고 큰 성공을 거둔 기업처럼, 여성을 대상으로 하는 효과적인 공익마케팅 프로그램에는 다른 곳에서 찾아볼 수 없는 독특한 차이가 있어야 한다.

분명히 모든 마케팅 프로그램의 목적은 독특함 또는 차별성을 만들어내는 데 있다. 그렇기 때문에 마케팅 부서에는 '크리에이티브 디렉터'라는 직함을 달고 있는 사람이 있다. 주제와 상관없이 모두 같다고 주장하며, 비누를 팔 듯이 모든 것을 '상품'으로 축소시켜 생각하는 마케터가 있기는 하지만, 각각의 제품은 모두 다르며, 달라야 한다. 공익 사업 역시 제품이나 브랜드처럼 차별성을 가질 수 있다.

공익마케팅에 일반적인 마케팅 원칙을 적용시킬 수는 있지만, 문맹퇴치, 동물 권리 보호, 총기 규제, 낙태 반대, 대기 오염, AIDS 퇴치 같은 공익 사업을 생각하면, 절대 비누를 파는 식으로 해서는 안 된다. 공익 사업은 내재적으로 특정 집단을 향해 감정적으로나 심리적으로 호소력을 지니는 독특함 또는 중요성을 갖고 있다. '여성 이슈'로 불릴 수 있는 많은 공익 활동이 이런 점을 반영하여 이루어지고 있다.

리즈 클레이본(Liz Claiborne)

BSR(Business for Social Responsibility)는 여성 의류, 향수, 액세서리 디자이너이자 판매업체인 리즈 클레이본이 1991년에 시작한 공익마케팅 프로그램인 '여성의 일(Women's Work)' 캠페인을 주목할 가치가 있는 활동으로 평가했다. 1993년에 리즈 클레이본은 가정 폭력 문제만 집중적으로 다루어 공익 사업을 보다 효과적으로 추진하기로 결정했다. 아무도 중요성을 의심하지 않지만 껄끄러운 문제인 가정 폭력에 대처하기 위한 공익 활동을 벌이기로 한 이 때의 결정은 독특했다.

리즈 클레이본은 여러 비영리단체와 관계를 맺었지만, 가장 중요한 역할을 담당한 파트너는 '가정폭력방지기금(Family Violence Prevention Fund)'이었다. 스타일을 중요하게 생각하는 회사인 리즈 클레이본이 선택한 공익 사업은 패션 잡지의 한 면을 차지할 그런 성격의 것은 아니었다.

BSR에 따르면 리즈 클레이본은 자사 고객을 포함한 많은 여성을 상대로 자신들에게 가장 중요한 문제가 무엇인지 조사했으며, 그 결과 가정 폭력이 대부분 여성의 최대 관심사라는 사실을 알아냈다. 그에 따라 샌프란시스코에서 시범 프로그램을 시작하면서 이 문제를 다루기 시작했다. 다음에는 여러 아티스트에 의뢰하여 가정 폭력을 소재로 다양한 이미지를 만들었다. 또한 샌프란시스코 지역 최초의 24시간 가정 폭력 상담 핫라인 설치를 위한 자금을 지원했다.

이런 활동을 통해 가정 폭력 문제가 소홀히 다루어지고 있으며 파급 효과가 크다고 판단한 리즈 클레이본은 가정 폭력에만 집중하는 공익 활동을 펼치기로 결정했다.

또한 리즈 클레이본은 가정폭력방지기금에서 일하는 사람을 광고위원회에 소개하여 가정 폭력에 관한 선언문을 만들고 전국 2만 2천여 매체에 배포하도록 주선했다. 이 외에도 리즈 클레이본은 가정 폭력에 관한 인식 제고, 교육, 예방 프로그램 개발을 위한 전문 인력을 가정폭력방지기금에 요청했다.

리즈 클레이본과 가정폭력방지기금은 비공식적 파트너 관계를 통해 특별 프로젝트를 함께 추진하기로 합의했다. 리즈 클레이본의 대외 관계 부서가 프로젝트 주관 업무를 맡았으며, 필요에 따라 고위 경영진과 여러 부서의 지원을 받았다.

리즈 클레이본의 외부 마케팅 기업인 PT(PT&Co.)는 '여성의 일' 프로그램을 개발하고 구축하는 주도적인 역할을 했다. 사실 이 회사는 가정 폭력 프로그램에 깊이 관여하고 있어, 마치 가정폭력방지기금, 리즈 클레이본, 마케팅 회사 3사가 공동으로 파트너십을 맺고 공익 사업을 추진하고 있는 것처럼 보일 정도이다.

리즈 클레이본과 가정폭력방지기금은 가정 폭력에 대한 인식 제고와 해결책 마련이라는 목표를 공유한다. 각종 교육 자료와 강좌 프로그램을 통해 가정 폭력 관련 교육 사업도 추진하고 있다.

리즈 클레이본은 사회적 책임을 다하고 있다는 모습을 보여주고자 하며, 한편으로는 지역 사회의 발전에 기여해야 한다는 소비자의 기대에 부응하고 좋은 인상을 심어주고자 한다. 리즈 클레이본의 가정 폭력 방지 활동은 분명히 패션 세계의 경계를 넘어선 것이다.

가정폭력방지기금은 리즈 클레이본과의 공익마케팅 프로그램을 통해 가정 폭력 예방 활동에 필요한 자금을 확보하고자 하며, 존경받는 기업과의 장기적인 파트너십 관계를 통해 단체의 신뢰성을 높이고 미국 전역으로 프로그램을 확대한다는 목적도 갖고 있다.

리즈 클레이본은 가정폭력방지기금을 비롯해 여러 비영리단체에 자금을 지원한다. 회사 직원과 판매점 역시 다양한 방식으로 프로그램에 참여한다. 리즈 클레이본은 가정 폭력의 실태와 대처 방법을 직원들에게 교육시키며, 전문 카운셀러를 배출하기 위한 프로그램도 운영하고, 가정 폭력 관련 자료와 포스터를 배포하는 등 적극적인 활동을 벌이고 있다.

또한 '자선 쇼핑의 날'을 매년 개최하여, 이 날 리즈 클레이본 매장 매출의 1퍼센트를 가정 폭력 관련 단체에 기부한다. 소비자들은 리즈 클레이본과 가정폭력방지기금이 운영하는 무료 전화를 통해 가정 폭력 교육을 요청하거나 관련 자료를 받아볼 수 있고, 리즈 클레이본 웹사이트에서 필요한 자료를 다운로드 받을 수도 있다. 이외에도 장신구, 핸드백, 모자, 머그잔, 티셔츠 등 '여성의 일' 상품을 무료 전화로 주문하면, 수익금을 가정폭력방지기금에 기탁한다.

리즈 클레이본은 《데이트 상대의 폭력에 대해 알아야 할 모든 것 : 10대를 위한 핸드북 *What You Need to Know About Dating Violence : A Teen's Handbook*》과 《여성의 핸드북 : 남자의 폭력에 대처하는 실용 가이드 *Woman's Handbook : A Practical Guide to Discussing Relationship Abuse*》 등 교육 자료도 발간했다.

가정 폭력 관련 공익 사업을 시작한 이후 리즈 클레이본의 '여성의 일' 캠페인은 큰 성공을 거두었고, 사회적 책임을 다하는 기업으로서 리즈 클레이본의 입지가 더욱 확고해졌다. 리즈 클레이본은 화려한 분위기를 탈피하여 시장을 제대로 파악하고 적합한 공익 사업을 선택하여 추진한 것이다.

리즈 클레이본은 공익마케팅 프로그램을 매출과 연결시키지 않았다. 그 영향을 정확히 계산하기란 불가능하며, 또한 공익마케팅 프로그램은 사회적 책임 의식이 있는 기업으로서의 이미지 확보에 도움이 된다고 보았기 때문이다. 이제 리즈 클레이본은 자신을 가정 폭력 문제에 대한 사회적 인식을 높인 기업으로 생각하는 고객과 직원이 많아졌다는 사실만으로도 충분한 성과를 거두었다고 보고 있다. 확실히 위험성이 있는 선택이었지만, 효과가 있었다.

미래의 사고를 위한 음식

패스트푸드는 젊은 세대에게 인기 있는 식품이다. 젊은 세대가 패스트푸드 회사의 시장점유율을 결정하는 일도 있을 정도이다. 오늘날의 젊은 고객은 미래의 성인 고객이며, 또한 이 세계를 더 나은 곳으로 만들 수 있는 기회를 가진 세대이기도 하다.

타코 벨(Taco Bell)

BSR은 가장 적합한 파트너를 선정하여 주목할 만한 성공을 일구어낸 패스트푸드 업체의 모범 사례로 타코 벨을 뽑았다.

전국적인 패스트푸드 프랜차이즈 회사인 타코 벨은 1992년에 '타코 벨 재단(Taco Bell Foundation)'을 설립하여 지역 사회의 각종 공익 사업에 자금을 지원하고 있다. 처음에는 수익금 일부와 매장에 설치한 모금함을 통해 모은 돈으로 적십자와 기타 재난 구호 단체에 기부했지만, 1994년에 타코 벨 재단은 목표를 분명히 정해 공익 사업을 추진하기로 결정했다.

J. D. 파워(J. D. Power & Associates)가 타코 벨의 고객과 직원을 대상으로 조사를 벌인 결과, 교육, 십대 폭력, 범죄, 피임 등이 중요 관심 사항인 것으로 밝혀졌다. 또한 공익마케팅 파트너로서 가능성이 있는 여러 단체 가운데, 타코 벨은 '보이즈 앤드 걸즈 클럽(Boys & Girls Club of America, BGCA)'이 가장 적당하다고 판단했다. 이 단체의 목적이 타코 벨이 추진하고자 하는 사업과 일치했으며, 전국적인 인지도가 있고 평판도 좋았기 때문이었다.

BGCA 역시 타코 벨과의 파트너십 구축에 관심을 보였다. 6세에서 12세 사이의 어린이에 비해 쉽게 다가가기 힘든 10대 아이들을 대상으로 적극적인 활동을 벌이기에 좋은 기회라고 생각했던 것이다. BGCA는 타코 벨과 BGCA의 목적을 모두 충족시키고 파트너십의 성공 가능성을 더욱 높이는 프로그램 개발 방법을 타코 벨에 제시했다.

BGCA의 전략적 파트너십 원칙에 따르면 BGCA는 ① 함께 일할 기업을 결정하는 권리를 지니며, ② 하나의 기업이나 제품과 독점 파트너십 계약을 체결하거나 유지하지 않고, ③ 파트너십을 맺은 기업에 구체적인 수익을 보장하지 않으며, ④ 파트너 기업과 관련하여 모든 법률, 세금, 홍보 문제를 독립적으로 조사할 권리를 지닌다. 타코 벨과 BGCA는 각자의 목표, 구체적인 모금 목표, 파트너십 기한 등을 명시한 계약서를 작성하고 체결했다.

타코 벨의 목적은 전국 차원의 사회 활동 프로그램을 통해 재단의 자금 지원 효과를 높이고, 타코 벨 고객과 직원들이 중요하게 생각하는 사회 문제의 해결에 기여하며, 매장에 모금함을 설치하고 기타 모금 활동을 벌여 BGCA를 위해 1,500만 달러를 모은다는 것이었다.

BGCA는 BGCA 자체와 파트너에 대한 인지도를 높이고, 자금을 확보하여 각 지역 클럽의 프로그램을 지원하며, 13세에서 18세 사이의 청소년층을 위한 각종 활동을 벌여 사업 범위를 확대한다는 목표를 세웠다.

그에 따라 탄생한 프로그램이 '틴슈프림(TEENSupreme)'이며, 다음과 같은 활동을 벌이기로 했다.

- 10대 청소년을 위한 프로그램과 활동(직업 탐구, 취업 준비, 취업 알선을 중심으로)을 지원하는 전담 직원과 공간을 갖춘 '틴슈프림 센터'를 BGCA(또는 별도 장소)에 설치한다.
- 14세에서 18세의 회원들이 각종 프로젝트와 지역 봉사를 통해 시민의식과 리더십을 배양할 수 있는 소규모 클럽인 '틴슈프림 키스톤 클럽'을 설치하여 운영한다.
- 클럽의 효과적인 운영 기법을 가르치는 훈련 프로그램인 '틴슈프림 아카데미'를 설치하여 운영한다.
- 미국 노동부와 법무부의 자금 지원으로 BGCA 회원에게 직업 상담, 기술 교육, 취업 알선 활동을 벌이는 '틴슈프림 커리어 프렙'을 운영한다(필요한 경우에는 타코 벨과 프랜차이즈 매장에서 지원자를 받아 일자리를 주기도 한다).
- 지역 봉사 활동에 적극적으로 참여하는 17세에서 18세 사이의 클럽 회원에게 장학금을 제공하기 위해 타코 벨, BGCA, CNS(Corporation for National Service)가 함께 참여하는 '클럽서비스'를 운영한다.

분명히 야심에 찬 사업이며 타코 벨과 BGCA는 다음과 같은 성과를 거두었다.

● 2001년 말까지 미국 전역에 100여 곳의 틴슈프림 센터를 열어 6만 5천 명 이상의 10대 청소년을 상대로 다양한 프로그램을 운영했다.

● 틴슈프림 아카데미를 통해 매년 400명의 전문 인력을 배출했으며, 2001년 말까지 10대 청소년 지도 교육을 받은 사람이 모두 2천 명에 달했다.

● 2000년 말까지 틴슈프림 키스톤 클럽을 800개 설치하여 1만 2천 명 이상의 청소년이 리더십 교육을 받았다.(2000년 말까지 거의 1천 개의 클럽 설치 계약을 체결하면서 목표를 초과 달성했다.)

● 2001년까지 1,300명의 청소년이 틴슈프림 클럽서비스 프로그램에 가입했다.

● 2001년까지 틴슈프림 커리어 프렙 프로그램에 5천 명이 가입했으며, 이 가운데 4천 명이 일자리를 얻었다.

타코 벨 직원과 프랜차이즈 매장들도 공익마케팅 프로그램에 참여했으며, 보도 자료와 매장에 설치한 모금함을 통해 홍보 활동을 벌였다. 지금까지 타코 벨은 미국 전역에 70여 곳의 틴슈프림 센터를 설치하여 7만 명 이상의 청소년을 상대로 운영하고 있으며, 2000년에 키스톤 클럽 927곳이 계약되었고 2001년에 535곳이 계약되었으며, 전문 인력 1,863명을 배출했고, 1,202명의 청소년이 봉사 프로그램에 참여했으며, 4,500명의 청소년이 일자리를 구하는 등 기대 이상의 인상적인 성과를 거두었다.

타코 벨이 추진한 공익마케팅 프로그램의 성공은 목표 시장의 고객을 정확히 파악하고 이해한 결과라 할 수 있다.

도움이 필요한 친구를 돕는 소매업체

할인 소매업체는 모든 사람에게 특별한 것을 주지만, 때로는 기업 이미지를 흐리기도 한다. 소매업체가 희망할 수 있는 최선의 목표는 다양한 스펙트럼 가운데 어떤 자리 하나를 확고히 굳히는 것이다. 오랜 역사를 자랑하는 미국 최고의 소매업체는 1980년대 이후로 몇 년마다 한 번씩 변신을 거듭해 왔다. 유명 디자이너 제품과 고가품만 취급하며 20세기 마지막에 소매업계의 문화를 바꾼 또 다른 거대 업체는 2002년에 파산 보호 신청을 하고 말았다. 많은 사람들이 전문 매장과 인터넷의 편리함에 눈을 돌리면서, 소매업체는 새로운 길을 모색하고 변신해야만 하는 상황에 몰렸다.

그래서 한 소매업체가 공익마케팅을 추진하기로 결정했을 때, 정체성을 새롭게 확립하고 고객과의 관계를 확고히 하는 데 얼마나 효과가 있을지 의심하지 않을 수 없었다.

타깃 스토어(Target Stores)

타깃 코퍼레이션의 한 사업부인 타깃 스토어는 '인스토어 약국(in-store pharmacy)' 개념을 처음 도입하면서 전국적인 공익마케팅 캠페인을 추진하기로 결정했다. 타깃 스토어의 목표는 공익 사업을 벌이면서, 동시에 '타깃 약국'을 차별화 시키는 것이었다.

타깃은 연구 조사를 통해 테네시주 멤피스에 위치한 '성유다 어린이연구병원(St. Jude Children's Research Hospital)'이 공익마케팅 파트너로서 가장 바람직하다고 결론지었다. 이 병원은 세계적으로 인정받는 연구 기관으로서의 지위와 명성을 확고히 하고 있었다. 성유다병원이 멤피스 지역에만 국한되지 않는 영향력을 발휘한다는 사실 또한 중요했다. 지불 능력에 상관없이 모든 환자를 치유한다는 운영 방침 또한 매력적이었다.

타깃은 전국적인 체인망을 갖추었지만, 처방약이나 조제약 전문 약국이나 고급 약국으로서의 인식은 약하며, 전반적으로 평균적인 소득 수준의 사람들에게 부합하는 약국으로 자리잡고 있다. 한편 성유다병원은 환자의 지위나 소득에 상관없이 모든 사람을 치료한다는 방침으로 갖고 있다. 타깃과 성유다병원은 전반적인 이미지가 비슷했다.

새로운 약국 체인을 시작하기 위한 준비 과정에서 타깃은 성유다병원과 파트너십을 맺는 것이 충분한 가치가 있으며, 좋은 일을 하는 약국으로서의 이미지도 심을 수 있는 기회가 된다고 보았다. 타깃은 1996년에 성유다병원에 먼저 접근하여 공익마케팅 프로그램 추진 의사를 타진했다. 처음에는 타깃이 병원에 전반적으로 필요한 자금과 물품을 지원한다는 약속으로 시작되었다. 그러나 타깃과 성유다병원이 함께 일하기 시작하면서, 타깃

타깃 하우스는 성유다병원에서 치료를 받는 어린이 환자의 가족을 위한 수용 시설이다. 타깃은 자금 제공을 비롯해 각종 지원 활동을 벌이고 있으며, 직원과 입점 업체들이 다양한 방식으로 이 사업에 참여하도록 하고 있다.(타깃 하우스 앞에 서있는 저자, (사진 : 카린 고트샬크 마코니)

은 성유다병원에 환자와 환자 가족을 위한 공간이 부족하다는 사실을 깨달았다. 타깃은 가시적인 장기 프로젝트를 추진하여 타깃 고객과 직원들이 참여하면서 세계적으로 유명한 이 병원에 의미 있는 기여를 할 수 있는 기회를 찾아낸 것이다. 이미 그와 비슷한 시설을 만들어 인도주의적 회사로서 입지를 굳힌 패스트 푸드 레스토랑 체인도 있었다. 타깃의 이름으로 멤피스에 그런 시설을 만들면 성유다어린이병원과의 관계가 확고히 자리잡으면서 회사의 이미지 제고에도 도움이 될 것 같았다.

성유다병원은 처음부터 파트너십 가이드라인을 타깃과 공유했다. 가이드라인은 다양한 사항을 다루고 있는데, 예를 들어 내부 커뮤니케이션 방법, 홍보 활동에 활용할 수 있는 제품 종류,

홍보 활동 추진 방법, 최소 기부 비율 등이 규정되어 있었다. 가이드라인이 많은 내용을 구체적으로 다루고 있기는 했지만, 성유다병원은 상호 오해를 줄이기 위해 계약서를 만들어야 한다고 주장했다.

성유다병원에서 오랫동안 치료를 받는 환자와 환자 가족을 위한 무료 수용 시설인 타깃 하우스를 세우기 위해 타깃이 기부금을 내고 모금 활동을 벌이기로 합의했다. 총 50실과 물리치료 시설, 놀이시설, 도서관, 음악감상실을 갖춘 타깃 하우스가 1999년에 처음 문을 열었다. 2001년에는 '타깃 하우스 2'의 건설 공사가 시작되어 46실과 스콧 해밀턴 패밀리 피트니스 센터, 스콧 해밀턴 예술·공예 전시장, 타이거 우즈 재단의 자금 지원을 받은 야외 시설을 갖추었다.

타깃-성유다병원의 공익마케팅 파트너십은 타깃의 지역 관리, 마케팅, 상품판매, 광고, 특별행사 부서에서 파견된 직원으로 구성된 팀이 관리한다. 이들은 필요에 따라 주간 또는 격주 단위로 일한다. 타깃 직원들은 정기적으로 멤피스로 가서 병원 측 인사들과 회의를 가지며 타깃 하우스에서 개최하는 각종 행사의 지원 방안을 논의한다. 타깃의 지역 관리 담당 부서 예산으로 전체 프로그램을 운영하며, 텔레비전 광고 비용은 타깃의 광고 예산에서 지출한다. 특별 행사 담당 부서와 홍보 부서가 타깃 하우스에서 열리는 각종 행사를 지원한다.

처음에 타깃은 약국 매출액의 일정 비율을 기부금으로 내놓았지만, 모든 타깃 매장에 약국이 있는 것은 아니기 때문에, 그리고 가능하면 많은 매장이 이 프로그램에 참여하기를 원했기 때문에, 전체 건강 관련 제품 판매액의 일정 부분을 기부하는 식으로 확대했다. 이렇게 함으로써 타깃 매장의 약국을 공익마케팅 사업에 참여시키기로 했던 애초의 계획을 넘어서는 더 큰 사업으로 확장된 것이다.

타깃은 분기마다 직원으로 구성된 자원봉사자를 타깃 하우스와 성유다병원에 보내 환자를 위한 행사를 벌이도록 한다. 미국 전역의 타깃 직원들이 참여하는 자원 봉사 활동으로 프로그램 홍보 효과와 직원들의 참여도가 더욱 높아졌다. 현장을 직접 방문한 직원들은 회사에 대해 긍정적인 인상을 받고 더욱 열심히 일한다.

타깃 매장의 많은 입점 업체들도 나름대로 이 프로그램에 참여하여 매출액의 일정 부분을 타깃 하우스와 성유다병원에 보낸다. 또한 건설과 유지 관리에 필요한 비품을 기증하는 입점 업체도 있다. 타깃 하우스에는 후원 업체나 개인의 이름이 새겨진 방도 있다.

타깃은 유명인사를 통해 성유다병원의 타깃하우스를 홍보하기도 한다. 가수 애미 그랜트, 타깃 광고에 출연하기도 했던 테네시 주 토박이, 골프 황제 타이거 우즈(타이거 우즈 재단은 타깃 하우스 2에 야외 시설을 만들어 기증했다), 아이스스케이팅 스타 스콧 해밀턴('타깃 스타 온 아이스' 순회 행사를 주도했으며 타깃 하우스에 그의 이름을 넣은 시설이 있다) 등이 타깃 하우스 홍보에 적극적이다.

이 외에도 '타깃 칩 가나시 레이싱 팀'은 팀이 승리할 때마다

5천 달러를 기증했으며, 이렇게 해서 한 시즌에만 최대 7만 5천 달러를 기부하기도 했다.

타깃 하우스는 매장 내 광고물과 기타 홍보 자료, 브로슈어, 약국 봉지 등을 통해 홍보되고 있으며, 타깃 하우스의 존재에 대한 인식을 확산시키고 일반인의 지원을 이끌어내기 위한 텔레비전 광고도 두 번 나왔다. 타깃은 지속적인 지원을 통해 공익마케팅 프로그램을 계속 추진하고 있으며, 고객들이 영원히 기억할 만한 일을 하고 있다.

타깃은 여전히 경쟁업체 약국과의 차별화를 추구한다. 고객과 직원이 함께 구매와 기부를 통해 지원하고 참여하면서, 타깃 고유의 전국적인 '브랜드'를 만들어낸 것도 그러한 노력의 일부이다.

성유다병원은 병원 운영과 연구 활동에 필요한 자금 확보와 환자와 환자 가족을 위한 무료 숙식 시설 제공을 목적으로 했다. 동시에 타깃 하우스 사례를 통해 새로운 자금 지원처를 확보하려 하고 있다.

공익마케팅 파트너십 관계를 맺은 타깃과 성유다병원은 오랫동안 치료를 받아야 하는 성유다병원의 환자와 환자 가족들을 위해 무료 숙식 시설을 만들고 의학 연구를 통해 어린이의 건강을 되찾아 주기 위한 공익 사업을 계속 추진하고 있다. 성유다병원의 타깃하우스는 타깃이 모금하거나 기부한 약 1,200만 달러의 자금이 가시적으로 구현된 것이다. 이를 통해 타깃은 전국적으로 언론 매체의 우호적인 관심을 받았으며 기업 이미지가 개선되고 직원의 사기가 높아지고 직원의 이직률도 떨어지는 성과를 거두었다. 타깃 하우스는 타깃이 지역 사회를 위해 봉사하는 기업으로서의 인식을 확고히 심는 데 큰 도움이 되었다. 또한 타깃 인스토어 약국의 성공으로 이어졌다. 치밀한 계획에 의해 추진된 파트너십이 모두의 목적을 달성하는 데 도움이 되었음을 보여 주는 대표적인 사례이다.

올바른 마케팅 믹스를 형성하는 기업 문화

공익마케팅은 차이를 만들어내는 것이어야 한다. 일반적으로 어려운 처지에 놓인 다른 사람을 돕고 좋은 일을 하여 이 사회를 더 살기 좋은 곳으로 만들기 위해 비영리단체가 설립된다. 이런 좋은 일을 하는 비영리단체에 물적·인적 자원을 지원하여 뒷받침하는 기업은 어떤 식으로든 보상을 받을 자격이 있다. 그런 보상은 매출 증가나 주가 상승일 수도 있다. 그러나 궁극적으로는 "공익 사업에 참여함으로써 보람을 느낀다"고 말할 수 있을 때 진정한 보상이 주어지는 것이다.

팀버랜드(Timberland Company)

팀버랜드와 시티 이어(City Year)가 추진한 공익마케팅 프로그램을 대표적인 사례로 꼽을 수 있다. 팀버랜드는 신발, 의류, 액세서리 제품으로 유명한 세계적인 브랜드이며, 시티 이어는 전국적인 청소년 봉사 단체이다. 팀버랜드와 시티 이어는 1989년에 파트너십을 맺었으며, 그 이후로 공익마케팅을 두 조직의 문화로 완전히 통합시킨 파트너십의 '새로운 패러다임'을 개척했다. 팀버랜드는 뉴햄프셔에 위치한 본사에 시티 이어 사무실을 설치할 정도로 열성적이다.

1988년에 설립된 시티 이어는 청소년을 대상으로 미국 전역의 13개 지역에서 지역 봉사 활동, 리더십 개발 교육, 시민 참여 활동을 추진한다. 일 년에 걸쳐 진행되는 '시티 이어 프로그램'을 통해 건전한 시민의식과 사회의식을 배양하고, 지역 사회 문제를 해결한다. 시티 이어의 설립자들은 1980년대에 국가 봉사 단체 입법안이 부결되는 사태를 목격하고 젊은이들이 의미 있는 생활을 할 수 있는 프로그램을 추진하기 위한 자금 확보에 나섰다. 민간 자금을 활용하면 보다 자유롭게 활동할 수 있으며, 정부의 규제에서 벗어날 수 있다고 생각했다.

팀버랜드 CEO는 시티 이어의 목적이 지역 봉사라는 자신의 생각과 일치하며 인류애, 정직성, 겸손, 우수성이라는 팀버랜드의 가치에도 부합한다고 보았다. 또한 지역 사회 투자, 일과 삶의 균형, 강력한 가치 체계라는 팀버랜드의 유산이 파트너십의 성공에 도움이 되리라고 믿었다.

처음에는 시티 이어가 먼저 물품 지원을 요청하며 팀버랜드를 찾았다. 팀버랜드는 그렇게 하기로 했으며, 첫 해에 팀버랜드 신발 70켤레를 기증했고 다음 해에는 100켤레를 제공했다. 그때까지는 공익마케팅 프로그램이라고 할 수도 없었지만, 공익 사업을 추진하는 비영리단체를 지원하는 수준의 출발로 보기에 충분했다.

두 차례에 걸쳐 신발을 지원하고 나자, 시티 이어 설립자 한 명이 팀버랜드 본사를 찾아 회사 경영자를 상대로 프리젠테이션을 했다. 시티 이어의 목적과 목표, 지금 확보 방법 등을 설명하면서 시티 이어 봉사팀을 후원해 달라고 요청했다. 그러면 후원업체 이름을 다양한 방법으로 알리겠다는 것이다. 또한 팀버랜드 직원들이 시티 이어가 추진하는 지역 봉사 활동에 참여해 달라고 요청했다.

프리젠테이션을 통해 파트너십 구축의 필요성이 입증되었으며, 팀버랜드의 시티 이어 지원 의지를 더욱 강화시켰다. 팀버랜드는 봉사팀을 후원하기로 합의했고, 이후 시티 이어가 추진하는 다른 활동까지 지원하며 파트너십의 활동 범위를 넓혀갔다. 1995년에 팀버랜드는 시티 이어의 공식 후원업체가 되었다.

팀버랜드의 재정적·물적 지원을 규정한 공식 계약서에 의거하여 팀버랜드의 사회사업부가 공익마케팅 파트너십 관리를 책임진다. 사회사업부, 마케팅부, 홍보부, 제품개발부 등의 직원들이 회의에 참석한다. 팀버랜드는 자체 사회사업 예산을 확보하여 시티 이어에 자금을 제공하며, 프로그램 운영에 필요한 경비도 지불한다.

팀버랜드 자체의 자원봉사 프로그램(Path of Service)에 따라 팀버랜드 직원은 40시간의 유급 휴가를 받아 봉사 활동에 참여한다. 또는 3개월에 걸친 유급 안식 휴가를 받아 전문 지식을 활용해 프로그램 운영을 지원하기도 한다. 한편 시티 이어가 팀버랜드를 위해 조직한 다양한 봉사 활동에 직원들이 참여하며, 다른 곳에서의 자원 봉사를 선택할 수도 있다. 팀버랜드는 컨설팅 전문가, 사무실 공간, 유니폼, 기타 의류를 시티 이어 봉사단에 지원하며, 적어도 2개 도시에서 시티 이어를 위해 사무실과 집기를 제공한다.

1995년에 팀버랜드는 자체 소매 매장을 통해 '시티 이어 의류'를 판매하기 시작했다. 1999년에는 시티 이어의 대표색인 적색을 기본 개념으로 하여 디자인 한 팀버랜드 부츠를 포함해 다양한 공동 브랜드 제품을 시도하기 시작했다. 2000년에 적색 부츠가 큰 성공을 거두면서 약 22만 4천 달러의 매출을 올렸고 인지도가 높아지면서 기업 이미지도 좋아졌다.

팀버랜드는 매장에 다양한 광고물을 배치하여 시티 이어와 함께 추진하는 각종 프로그램을 홍보하며, 신문과 라디오를 통해 적색 부츠와 각종 공동 브랜드 제품을 광고한다. 또한 직원의 자원 봉사 활동과 시민 운동 소식을 주로 다루는 계간 뉴스레터인 〈더 워크 *The Work*〉와 연간 《기업의 사회적 책임 보고서 *Corporate Social Responsibility Report*》 등을 통해서도 공익마케팅 프로그램을 알리고 있다.

팀버랜드의 목표는 공익 사업 캠페인의 대표 브랜드가 되고, 지역 사회 봉사 활동을 기업 브랜드 정체성의 핵심으로 삼으며, 적극적인 봉사 활동 참여를 통해 구성원의 사기와 기업 이미지를 높이고, 커뮤니케이션과 팀워크, 리더십 기술을 배양하며, 지역 사회의 발전과 지속 가능한 변화를 창출하는 혁신적인 비즈니스 모델을 개발하고, 기업의 사명과 가치를 충실히 지키면서 사업을 발전시켜 나가는 것이다.

시티 이어는 미국 전역으로 프로그램을 확대시키고, 봉사 활동에 따른 파급 효과를 높이며, 시티 이어의 이미지를 증신시키고, 팀버랜드 직원의 전문 기술과 자문을 통해 비즈니스 모델로서의 효과와 효율성, 인식을 제고시키고자 한다.

팀버랜드와 시티 이어의 공익마케팅 프로그램은 사회 정의를 바로 세우고 지역 사회의 문제를 해결하며 지역 사회를 통합시키는 결과를 낳았다고 평가된다.

시티 이어는 주요 활동 무대인 도시 지역을 중심으로 팀버랜드가 새로운 시장을 개척할 수 있는 기회를 제공했다. 팀버랜드는 1997년부터 2000년까지 〈포천〉지가 선정한 '일하기 좋은 100대 기업'에 선정되었고 1998년에는 '포인트 오브 라이트 재단(Point of Light Foundation)'으로부터 '최고지역봉사기업상(Excellence in Corporate Community Service Award)'을 수상했다. 시티 이어 입장에서도 활동 영역을 1개 도시에서 13개 도시로 확장하고 회원 수가 50명에서 1천 명 이상으로 늘어나는 성과를 거두었다. 미국 대통령 빌 클린턴은 시티 이어가 1993년에 제정된 '아메리코(AmeriCorps)' 설치에 관한 법률의 모델이 되었다고 말했다.

팀버랜드와 시티 이어의 공익마케팅 파트너십은 애초의 목표를 달성했으며, 지금도 어려운 처지에 놓인 다른 사람을 돕고 이 세계를 좀더 나은 곳으로 만들기 위해 매진하고 있다.

교육을 위한 마케팅

한때는 아이들에게 건강을 위해 아침을 먹고 등교하라고 가르쳤다. 오늘날도 이 말은 유효하지만, 아이들은 시리얼이나 비스킷, 팬케이크 포장지 윗부분을 잘 챙기라는 말도 듣는다. 포장지 윗부분은 이제 비밀 암호 같은 것을 위한 공간이 아니다. 선물을 주는 티켓이 거기에 있다. 이러한 변화는 단순히 상업주의가 어린이의 마음을 사로잡았다는 의미가 아니다. 강력하고 효과적인 공익마케팅의 한 예이다.

제네랄 밀스(General Mills)

제네랄 밀스는 공익마케팅의 가치를 인정하고 지역 사회를 위해 무엇인가를 돌려주고 고객과의 튼튼한 관계를 구축하기 위해 다양한 방법을 모색하고 있는 기업이다. 제네랄 밀스 회장은 32페이지에 달하는 화려한 보고서(《제네랄 밀스 2001 건전한 시민의식을 지닌 기업 보고서》)에서 "서로를 돕는 것이 우리 회사 문화의 핵심 부분이며, 우리 이웃과의 원만한 관계는 삶을 풍요롭게 하고 우리가 다음에 해결해야 할 문제를 이해하고 파악하는 데 도움이 된다"고 말했다.

또한 서로를 도우면 고객들이 다시 찾게 되며 사업을 하는 데도 아주 좋다고 덧붙였다.

1995년 이후 제네랄 밀스가 중점을 두고 있는 부분은 교육이며, 지속적으로 지역 학교를 돕기 위한 방법을 찾고 있다. 교육기관의 재정이 인플레이션을 쫓아갈 수 없기 때문에(실제로 대부분의 학교는 매년 더 적은 예산으로 더 많은 일을 해야 한다), 어느 학교나 종이, 분필, 축구공, 컴퓨터에 이르는 모든 물자가 부족한 실정이다. 교사나 교장 입장에서도 하고 싶은 일은 많지만 예산이 충분하지 않다. 이 외에도 학교마다 우선 순위가 달라, 어느 분야를 먼저 지원해야 하느냐를 놓고 논쟁이 끊이지 않는다.

제네랄 밀스의 '박스 탑스 포 에듀케이션(Box Tops for Education)'은 바로 그런 학교의 어려운 실정을 반영한 공익마케팅 프로그램이다. 330종류의 제네랄 밀스 제품 포장 상자 윗부분(box top)에는 다음과 같이 간단하게 학교를 도울 수 있는 방법이 있다.

1. 제네랄 밀스 제품 포장 상자의 윗부분을 오려낸다.
2. 오려낸 윗부분을 학교에 보낸다.
3. 학교는 포장 상자 윗부분을 모아 회사로 보내 지원금을 받는다.

제네랄 밀스 프로그램에 참여하는 6만 5천 곳 이상의 학교가 치리오스, 첵스, 트릭스, 고거트, 햄버거 헬퍼, 비스퀵, 요플레

요구르트, 베티 크로커 제품, 기타 수백 가지 제품 포장의 윗부분을 모은다. 이렇게 모은 것을 제네랄 밀스에 보내면, 한 개당 10센트씩 계산하여 매년 학교 한 곳에 최대 1만 달러를 지원한다. 그런 지원을 받는 학교가 6만 5천 곳이 넘으므로, 제네랄 밀스 프로그램의 지원 규모는 매년 6억 5천만 달러에 이르는 것으로 추산된다.

제네랄 밀스는 이 공익마케팅 프로그램이 다음과 같은 이유 때문에 큰 성공을 거두었다고 생각한다.

- 참여 방법이 간단하다.
- 학교가 자체 모금 활동을 벌일 수 있는 '도구'를 제공했다.
- 학교에 돈을 제공하면 학교마다 필요에 맞게 사용할 수 있다.
- 복잡하지 않은 방법으로 학교에 기회를 제공했다.
- 학생, 학부모, 교육자, 지역 사회 전체를 하나로 묶었다.

제네랄 밀스는 학생, 학부모, 학교, 기업이 컴퓨터를 많이 이용한다는 현실을 반영하여 '온라인 박스 탑스 포 에듀케이션 마켓플레이스(Online Box Tops for Education Marketplace)' 프로그램을 추가했다. 처음에는 포장 윗부분 한 개당 10센트를 학교에 지원했다. 이제는 활동 범위가 온라인으로 확장되면서 구매자는 boxtops4education.com에서 등록하고 amazon.com, office-max.com, proflowers.com, eddiebauer.com, 기타 100곳 이상

개념은 간단하다. 아이들이 제네랄 밀스 제품 포장 상자의 윗부분을 잘라 학교에 갖고 가면, 학교에서 모아 제네랄 밀스에 보내 지원금을 받는다. 학교 한 곳이 매년 최대 3만 달러를 받는다. 지역 사회를 위해 회사가 돈을 내고, 회사는 제품 판매를 통해 발전하는 대표적인 예이다. (사진 : 카린 고트샬크 마코니)

의 온라인 사이트에서 물건을 살 때마다 구매 금액의 10퍼센트까지 구매자가 지정한 학교에 기증할 수 있게 되었다. 학교 한 곳이 연간 최대 1만 달러를 받을 수 있다.

또한 '제네랄 밀스 박스 탑 포 에듀케이션 비자 카드'를 이용하는 방법도 있다. 비자 카드로 물건을 사면, 구매 금액의 1퍼센트를 고객이 지정한 학교에 연간 최대 1만 달러를 기부할 수 있다. 이렇게 하여 비자 카드 가맹점 약 2천만 곳에서 각종 물건을 살 때마다 일정액을 학교에 보낼 수 있게 되었다(굳이 제네랄 밀스 제품이 아니어도 가능하다).

제네랄 밀스가 추진하는 세 종류의 프로그램에 참여하는 학교는 매년 총 3만 달러까지 받을 수 있다. 미국 전체 학교의 60퍼센트 이상이 제네랄 밀스의 '박스 탑스 포 에듀케이션' 프로그램에 가입한 상태이며, 어린이를 둔 미국 가정 반 이상이 이 프로그램에 참여하고 있다. 첫 5년 동안 이 프로그램을 통해 5천만 달러 이상을 학교에 제공했다. 2001년 3월에만 제네랄 밀스가 수거한 포장 윗부분은 화물차 11대 분량에 달했다.

이 경우에 제네랄 밀스는 파트너 단체 없이 독자적으로 공익 사업을 추진했으며, 자체 마케팅 및 홍보 부서를 통해 프로그램을 계획하고 구축했다. 또한 제네랄 밀스 제품, 고객, 지역 사회가 밀접하게 연계하여 공익 사업을 추진했다. 비자 카드와 100곳 이상의 온라인 사이트를 참여시켜 프로그램의 범위와 혜택을 더욱 확장시켰고, 그러면서도 제네랄 밀스와 새로 참여한 업체들이 부담해야 할 비용은 최소화 시켰다.

모든 기업이 그와 같은 공익마케팅 프로그램을 추진할 수 있는 것은 아니지만, "모든 것은 상대적이다." 제네랄 밀스는 지역 사회에 꼭 필요한 부분을 찾아내고 '박스 탑' 아이디어를 고안했다. 전체적으로 간단하면서도 효과적이고 효율적이다.

UPS

친숙한 갈색 트럭, 갈색 유니폼, 방패 모양의 로고는 항상 우리의 곁에 있다. UPS는 어디를 가나 볼 수 있다. 효율적인 서비스, 경쟁력 있는 가격, 고객과의 오랜 거래를 바탕으로 화물 운송 및 우편 서비스 분야의 선두 기업으로 명성을 쌓아왔다. 택배 서비스는 다른 어느 기업보다도 단골 고객 의존도가 높다. 그렇기 때문에 고객과의 확고한 유대 관계 구축이 중요하다.

1951년에 "집중적인 자금 지원 활동을 통해 교육과 긴급한 사회 문제 해결을 지원하고 자원 봉사 활동을 추진하는 촉매 역할을 하기 위해" UPS 재단이 설립되었다.

UPS 재단의 '지역사회투자지원' 프로그램은 "더 많은 것을 투자하면 더 큰 보상을 얻는다"는 원칙에 따라 운영된다. 또한 UPS 직원들이 120시간 이상 자원 봉사를 벌이는 분야에도 추가로 자금을 지원한다. 봉사 활동에 자금을 지원해야 하며, 자금 지원에는 자원 봉사 활동이 뒷받침되어야 한다는 인식에서 나온 결과이다.

UPS가 추진한 교육 분야 공익마케팅의 대표적인 예가 'UNCF/UPS 장학프로그램'이다. UPS는 UNCF(United Negro

이 광고는 미국 체신부와 대표적 식품 회사인 캠벨 수프가 후원한 '10차 연례 전국집배원협회 푸드 드라이브' 행사를 홍보하기 위한 것이지만, 바람직한 공익마케팅이라고 보기가 힘들다. 이 행사의 목적은 기아 문제에 대한 관심을 촉구하기 위한 것이지만, 일 년에 단 하루 '기아 퇴치의 날'을 정해 이렇게 하는 것은 문제가 있어 보인다. 우체국에 일 년 내내 모금함을 비치하고, 거대 식품 회사인 캠벨 수프 역시 보다 적극적으로 다양한 활동을 벌일 수도 있다고 생각되기 때문이다. 실제로 그렇게 한다고 해도, 그런 점이 이 광고에는 반영되어 있지 않다. 공익마케팅 파트너에게 도움이 되는 메시지를 효과적으로 전달할 필요가 있다. (사진 : 카린 고트샬크 마코니)

College Fund)와 파트너십을 맺고 대학생에게 장학금을 제공한다. UNCF/UPS 장학프로그램은 장학금 제공 외에도, 학생들이 업무 경험을 쌓을 수 있는 인턴 제도도 운영한다. 두 가지 방법을 통합하여 운영함으로써 학생들이 성공적인 사회 생활을 준비하도록 돕는 제도로서, 교육과 업무 경험을 결합시킨 간단하지만 혁신적이고 실질적인 프로그램이라 할 수 있다.

그러나 UPS의 공익마케팅 프로그램은 대학생만을 대상으로 하는 것은 아니다. 직원들이 자원 봉사자로 참여하여 초등학교 어린이를 도우면서 지역 초등학교에 후원금을 지원하는 방식은 지역 사회와의 관계를 돈독히 하고 브랜드 이미지를 높이는 데 도움이 된다.

일리노이 주 웨스턴 스프링스에 위치한 필드 파크 초등학교 교장인 호프 포버그는 UPS의 지원금 덕택에 학교 예산 운용이 훨씬 수월해졌다고 말했다. 그러나 직접적인 참여 또한 중요하다. 자원봉사자가 학생과 함께 일 대 일로 책을 읽고 아이들에게 절약의 중요성을 가르치기도 하면 큰 도움이 된다. 직접적인 자금 지원도 중요하지만, 학교를 직접 찾아가 봉사 활동을 하는 것도 많은 사람의 관심을 끈다.

UPS는 공익마케팅이 큰 성과를 낳는다고 생각한다. 지역 사회를 찾아가 함께 일하며 돕는 것이 사업을 하는 데도 좋다고 보는 것이다.

추월 차선 위의 삶

적어도 두 세대에 걸쳐 미국인들은 자동차를 사랑한다는 말이 있다. 그런 낭만적인 경향은 미국 이외의 곳도 마찬가지이며, 자동차가 풍요와 부의 상징이기 때문이라고 주장하는 사람도 있다. 이번 사례는 자동차 판매뿐만 아니라 사람들을 돕는 일에도 열정을 보인 미국의 한 자동차 회사에 관한 것이다. 또한 때로는 의심과 불신의 눈으로 기업을 바라본 소비자와의 관계를 새롭게 구축한 거대 다국적 기업의 모습이기도 하다.

포드(Ford Motor Company)

더 크고 더 많은 성공을 거둔 회사일수록, 사람들은 그 회사에게 더 많은 것을 기대한다. 그 회사 제품의 품질, 서비스, 가치뿐만 아니라 사회적 책임 의식 역시 마찬가지다.

수십 년 동안 다양한 공익 사업에 자금을 지원한 포드 재단을 운영하고, 각종 기부와 후원을 통해 지속적으로 사회 봉사 활동을 해온 포드는 또 다시 건강을 주제로 한 공익마케팅 프로그램을 추진하기 시작했다. 상당수의 여성이 두려워하는 유방암이 그 대상이었다.

포드는 자동차 업계에서 오랜 역사를 자랑하고 큰 성공을 거둔 기업 가운데 하나이다. 저가의 가족용 자동차와 트럭 생산으로 유명한 포드는 몇 년 동안 "포드는 더 나은 아이디어를 갖고 있습니다(Ford has a better idea)"를 테마로 한 광고 캠페인을 벌였다. 포드가 유방암을 대상으로 공익마케팅 활동을 시작하자, 많은 사람들은 그것이 포드의 '더 나은 아이디어' 가운데 하나라고 생각했다.

포드의 목표는 멋있고 안전한 자동차를 만드는 것이지만, 유방암을 주제로 한 포드의 공익마케팅은 안전벨트와 에어백으로 구할 수 없는 많은 생명을 살린다는 목표로 사회적 책임을 다하기 위한 대규모 프로그램이었다. 이후 많은 지원과 참여가 이어지면서 건전한 시민의식을 지닌 기업으로서 포드의 명성이 더욱 높아졌으며, 일반 대중과 포드 직원, 딜러 사이의 유대 의식 역시 강화되었다.

일반적으로 자동차를 사는 것은 가족 가운데 남자들의 몫이었다. 여성이 가장으로 있는 집에서도 아버지나 남자 형제의 의견을 따라 차를 샀다. 흔히 '자동차는 남자들의 것'으로 생각되었다. 또한 포드는 남성 브랜드라는 이미지가 강했다. 포드는 이런 일반적인 이미지를 불식시키고자 했다.

여성 고객과의 관계 구축을 위해 포드는 여성과의 커뮤니케이션 방식을 바꿀 필요가 있다고 보았다. 이 목표를 달성하기 위해 포드는 여성의 문제와 직결된 공익마케팅을 선택한 것이다.

많은 여성에게 유방암은 평생에 걸친 공포이다. 포드 고객 가운데 여성의 비율이 점차 증가하고 있는 상황이므로, 포드가 유방암에 관심을 둔 것도 이상할 것이 없다. 1995년에 포드와 '수잔 G. 코멘 유방암재단'은 유방암 연구와 홍보 활동을 위해 파트너십을 맺었다.

코멘재단은 유방암 연구, 교육, 검사, 치료를 지원하는 단체로서 널리 인정받고 있다. 이 외에도 코멘재단이 추진하는 여러 행사는 사회적으로 많은 관심을 받고 있다. 포드와 코멘재단은 1995년에 필라델피아에서 공익마케팅 프로그램의 가능성을 시험하기 시작했고, 그 후 전국적으로 확대하였다. 시작부터 포드와 코멘재단의 관계는 포드 경영의 핵심 부분이 되었다.

6년에 걸쳐 포드는 4천 8백만 달러를 코멘재단에 지원했다. 또한 코멘재단이 주최한 행사에 참여한 포드 딜러의 수가 1995년의 54개에서 2001년에 3천 개 이상으로 증가했다. 포드 딜러, 직원, 일반인들이 유방암에 맞서 싸우기 위해 '포드 포스'를 만들었다. 포드 포스 회원으로서 1만 2천 명 이상의 포드 직원이 코멘재단의 행사에 참여했다.

포드와 코멘재단은 2년 기한의 계약서를 체결하여 코멘재단이 주최하는 각종 행사에 포드가 후원사로 참여했다. 포드의 마케팅 담당 부서가 'J. 월터 톰슨 내셔널 이벤트 팀'의 지원을 관리한다. J. 월터 톰슨은 포드의 커뮤니케이션 프로그램을 지원하는 브랜드 커뮤니케이션 회사이다. 포드와 코멘재단의 대표자들은 매월 전화 회의를 갖고, 일 년에 두 번 공식 회의를 개최한다.

유방암과의 전쟁에서 많은 부분은 교육과 유방암에 대한 인식 확산에 중점을 두고 있다. 1997년에는 유방암에 걸린 주인공의 이야기로 주로 여성 시청자가 많이 보는 텔레비전 프로그램인 〈머피 브라운〉 시리즈 협찬 업체로 나섰다. 이 에피소드의 단독 광고주로 나선 포드는 3분 분량의 광고 시간을 '유방암 공익 광고'에 할애했다. 텔레비전 프로그램이 끝날 때는 코멘재단의 무료 전화와 웹사이트(www.breastcancerinfo.com)가 나갔고, 많은 여성들의 전화 문의와 웹사이트 방문이 폭주했다.

이 외에도 유방암에 걸려 투병 생활을 했던 가수이자 배우인 올리비아 뉴튼존을 등장시킨 신문 광고도 내놓았다.

조사 결과에 따르면 신문 광고를 읽은 독자 가운데 약 19퍼센트가 바로 건강 검진 예약을 한 것으로 나타났다. 또한 독자들은 포드에 대해 보다 우호적인 생각을 갖게 되었다고 밝혔다.

또한 포드는 〈피플〉지에 유방암과 싸워 이긴 열한 명의 유명인사가 자신들의 경험담을 소개하는 유방암 특별 기사를 게재했다. 올리비아 뉴튼존, 전 영부인 베티 포드, 줄리아 차일드, 셜리 템플, 스케이팅 스타 페기 플레밍 등이 여기에 참여했다. 또한 유명인사는 아니지만 인상적인 투병 이야기를 털어놓은 일반인들의 이야기도 실렸다. 유방암 특별 기사가 실린 〈피플〉을 3,400만 명이 읽었으며, 그 가운데 약 2,200만 명이 여성이었다.

젊은 여성에 대한 교육과 인식 확대가 중요하다는 사실을 깨달은 포드는 유명 텔레비전 드라마의 주인공들을 신문 광고에 등장시켜, 스타들이 직접 유방암에 대한 공포와 자신의 이야기를 말하게 했다. 이 광고에는 우편 엽서가 포함되어 있어, 독자들이 친구와 가족에게 편지를 보내 유방암 검진을 받도록 권하게 했다.

2000년에는 '여성을 위한 텔레비전'이라는 슬로건으로 유명한 '라이프타임 케이블 네트워크'와 파트너 관계를 맺고 '10월은 유방암 인식 확산의 달' 행사를 후원했다. 또한 포드 포스 웹사이트를 방문하여 특별 행사에 참여하라는 슬로건을 내건 유방암 홍보 활동도 지원했다. 9월 4일과 11월 15일 사이에 포드 포스 웹사이트 방문자는 12만 2천 명 이상을 기록했다.

2001년에 포드는 패션계와도 연계하여 유방암과의 전쟁에 함께한다는 연대 의식의 상징으로 스카프를 만들었다. 새로 떠오르는 유명 패션 디자이너가 만든 스카프를 포드 후원 행사에 참여한 모든 사람에게 주었으며, 매시 이스트 및 매시 웨스트 백화점과 파트너십을 맺어 배포하기도 했다.

코멘재단의 행사가 열리면 포드의 이름을 여기 저기서 볼 수 있다. 또한 코멘재단 행사에서 포드는 '정열의 순간을 잡아라'라는 제목의 디지털 사진 찍기 대회도 열어 참석자들이 사진을 찍고 포드 웹사이트에서 사진을 찾도록 했다.

인터넷이 발달하자 포드는 유방암 정보를 제공하고 코멘재단 행사를 홍보하는 웹사이트(www.fordvehicles.com/fordcares/ford-force) 운영을 지원했다.

포드 딜러들 역시 2000년에 5백만 달러 이상을 기부했고, 코멘재단이 주최한 각종 행사에 다양한 방식으로 참여했다. 코멘재단 행사가 열리면 광고 비용을 행사가 열리는 지역의 포드 딜러들이 후원금을 모아 지원했다. 한 딜러는 코멘재단 행사를 자기 거주 지역에서 개최하기 위해 독자적인 단체를 세우기도 했다. 1995년에 포드의 공익마케팅 프로그램에 참여한 딜러는 54개에 불과했지만, 2001년에는 3천 개 이상으로 늘어났다. 1만 2천 명 이상의 포드 직원들도 미국 전역에서 열린 행사에 참여했다.

포드는 여성과 포드 브랜드 사이의 지속적인 감정적 연대 의식을 형성하고, 고객을 위한 일에 발벗고 나서며, 사회적 책임 의식을 기업의 핵심 가치로 삼는다는 목적을 갖고 있다. 코멘재단과의 파트너십에 대한 자체 분석에서 기업 이미지 개선과 매출 증대 효과가 큰 것으로 나타났다. 2000년 소비자 조사에 따르면, 조사 대상 소비자의 75퍼센트가 포드에 대해 좋은 인식을 갖고 있는 것으로 나타났으며 29퍼센트는 포드의 공익 활동을 생각해 포드 자동차를 구매할 생각이라고 말했다. 2001년에 약 4천 명의 포드 직원이 디트로이트 행사에 참여했으며, 전국적으로도 과거에 비해 더 많은 직원들이 이 프로그램에 참여하고 있다.

코멘재단의 목적은 유방암을 퇴치하고, 포드의 막강한 판매 망을 활용하여 재단의 활동 영역을 확장하며, 포드의 광고와 홍보 활동을 통해 재단과 재단 주최 행사를 널리 알리고 더 많은 사람이 유방암에 대한 인식을 새롭게 하도록 한다는 것이다. 포드와의 파트너십 덕택에 코멘재단이 주최한 행사가 큰 성과를 거두었다고 평가한다. 매년 약 39퍼센트의 지속적인 성장을 기록했다. 포드의 홍보 덕택에 코멘 웹사이트와 무료 전화를 찾는 여성들이 폭발적으로 증가했다. 여성 잡지에 포드가 후원한 광고가 실리면서 1998년과 2000년에 유방암 검진 예약 건수가 19퍼센트 증가한 것으로 밝혀졌다.

포드와 코멘 재단은 인쇄 매체, 방송 및 케이블 텔레비전, 인터넷 사이트, 이벤트 마케팅, 유명인사 참여 등 다양한 방법을 활용했으며, 이 방법은 유방암에 대한 인식 확대에 큰 효과가 있었음이 증명되었다. 포드와 코멘재단의 공통 목표는 유방암에 대한 인식 확대와 모든 연령대의 여성들이 유방암 검진을 받아 조기에 발견하도록 하는 것이다. 브랜드와 공익 사업 사이에 연관성의 중요성을 강조하는 전략적 선택, 특정 계층을 대상으로 하는 구체적인 메시지, 각계 각층의 여성들을 향한 다양한 커뮤니케이션 방법, 지역 사회의 적극적 참여를 통해 이 공익 사업은 큰 성과를 거둔 것으로 증명되었다.

포드는 코멘재단과의 관계를 지속적으로 이끌어나갈 계획이다.

이 세상을 더 나은 곳으로 만들기 위해

성공을 거둔 큰 기업들은 사회를 위해 좋은 일을 해야 한다는 말이 많고, 많은 기업이 사회적 책임의식이나 사업을 하는 데 좋을 것 같다는 생각에서 그렇게 한다. 그러나 큰 기업이나 여유 있는 기업만이 그렇게 하는 것은 아니다. 이 세계를 더 나은 곳으로 만들고자 하는 열정과 사회적 양심은 기업의 규모와 관계가 없다. 환경과 이 지구의 미래에 대한 관심은 일반 대중의 냉소주의에도 불구하고 여전히 살아 있는 우리의 이상주의를 반영하며, 이상과 꿈을 지닌 사람들이 이끄는 작은 기업도 큰 차이를 만들어가고 있다.

그래버 퍼포먼스 그룹(Grabber Performance Group)

그래버 퍼포먼스 그룹은 일반인은 물론이고 비즈니스 세계에서도 그다지 알려지지 않은 작은 회사이다. 그러나 사명을 가진 기업이며, 그 사명을 이룬다면 모두가 혜택을 보게 될 것이다.

존 와그너 어소시에이츠(John Wagner Associates, Inc.)의 자회사인 그래버는 북미 지역 최대 규모의 손, 주머니, 발 보온기 공급 업체이다. 무취, 무독성, 생분해성 보온팩이 주요 제품으로서 대부분 장갑, 주머니, 신발에 넣어 사용한다. 일반적인 기준으로 보면 그래버 퍼포먼스 그룹은 중소기업에 불과하지만, 그래버는 지금까지 이 세계를 더 나은 곳으로 만들기 위해 많은 기여를 했다.

따뜻함은 인간의 열정과 과학의 결합을 통해 나온다는 점에 착안한 그래버 설립자는 과학과 인간의 마음을 하나로 합치는 '따뜻함을 나누자(Share the Warmth)' 프로그램을 시작했다. 이 프로그램을 통해 그래버는 다양한 환경 운동과 인도주의적 활동에 참여하여 왔다.

우선 환경 부문에서 그래버는 10년 동안 '자연보호연합(Conservation Alliance)'의 활동에 참여했다. 자연보호연합 활동에 참여함으로써 그래버는 사업의 핵심 개념인 자연을 보호하고 보존하며 복구하는 일에 적극 나서고 있다. 또한 '따뜻함을 나누자' 프로그램의 일환으로 인도주의적 사업에도 참여한다.

이 프로그램은 1989년에 열린 '아웃도어 산업 박람회' 회의에서 시작되었다. REI 코오프(REI Co-op)와 노스 페이스(North Face)

CEO들은 아웃도어 산업 분야의 기업들이 환경 운동에 적극적이지 못하다고 지적했다. 파타고니아나 켈티 같은 환경 문제에 관심이 많은 기업들의 주도 아래 이 회의에 참석한 경영자들은 환경 문제와 이에 대한 참여 방안을 논의했다. 약 200명이 참석한 회의에서 REI 코오프 CEO는 아웃도어 산업 분야 경영자들이 환경 보호 단체를 구성하고 각 회원이 1만 달러씩 기부하자는 제안을 내놓았고, 이 단체가 현재의 '자연보호연합'으로 발전했다. 그래버 설립자이자 공동 소유주인 론 나듀는 자연보호연합을 가장 먼저 지지했으며, 그 이후로 항상 이 단체의 활동에 적극 참여했다.

자연보호연합은 점차 회비 납부 방법을 바꾸어, 규모에 상관없이 모든 기업이 일정한 역할을 담당하게 했다. 자연보호연합의 회원사는 70개까지 늘어났으며, 이들은 매년 매출액 100만 달러 당 1천 달러를 기부금으로 내놓았다. 기부금 상한액은 1만 달러이다. 이외에도 회원사 직원들이 파견되어 자연보호연합 일을 하기 때문에 기부금 전액을 공익 사업에 사용할 수 있다. 자연보호연합은 민간 환경 단체 열 곳에 매년 2만 5천 달러에서 3만 5천 달러를 지원한다.

그래버의 공익마케팅은 마케팅 담당 부서가 책임지며, 필요에 따라 영업부와 관리부 직원들의 지원을 받고 있다. 론 나듀는 그래버의 기부 방법이 '주고받기' 식으로 인식될 수 있다는 생각에서 비판적이었지만, 이제 공익 사업 지원의 전통을 마련하면서, 그래버 경영진은 보다 만족스럽게 생각한다.

자연보호연합 로고는 그래버의 모든 광고물과 제품에 등장한다. 모든 영업사원, 판매상, 도매 및 소매 고객들이 매출의 1퍼센트가 '따뜻함을 나누자' 프로그램을 통해 자연보호연합과 각종 비영리단체 지원에 쓰인다는 사실을 잘 알고 있다. 또한 그래버는 환경 문제에 대한 인식을 소비자에게 심어주고 있다. 모든 제품에는 지구가 그려진 그림 밑에 "책임감을 가져야 한다(Be Responsible)"는 문구를 집어넣었다. 자연보호연합을 모델로 한 유사 단체가 호주와 일본에도 생겨났다.

이 외에도 그래버는 '따뜻함을 나누자' 프로그램의 일환으로 일부 소매 상점과 파트너십을 형성하여 지역 주민을 위한 '해비타트 운동(Habitat for Humanity)'을 벌이고 있다. 매출의 일정액을 지원하는 식으로 소매상을 대신하여 그래버가 기부금을 제공한다. 또한 그래버는 각종 박람회에서 묘목을 나누어주며 자연보호연합을 알린다. 론 나듀는 묘목을 나누어주면 사람들이 심고 보살피게 되므로 환경 문제에 대한 인식을 더 생생하게 심어줄 수 있다고 생각한다. 또한 코소보와 몽골 지역에 그래버의 손보온기 제품을 기증하기도 했다. 기증액은 약 14만 5천 달러 규모이다.

또한 그래버는 다른 단체와의 파트너십 형성과 고객 교육 프로그램을 적극 추진한다. 자연보호연합과 기타 사회 활동의 지원 내용은 보도 자료와 잡지 기사, 인터뷰를 통해 홍보된다. 유명한 산악등반가이자 스키 가이드이며 프리랜서 작가인 에이미 어빈의 《차이를 만들어 나가는 자연보호연합*The Conservation*

Alliance : Making a Difference》은 자연보호연합과 그래버의 공익 활동을 주제로 한다. 자연보호연합과 그래버의 사회 봉사 활동에 대한 정보는 두 단체의 웹사이트를 통해 얻을 수 있다.

그래버의 애초 목적은 직원, 고객, 판매상, 지역 사회 사이의 지속적이고 상호 혜택을 주는 관계 구축이었다. 또한 그래버 브랜드를 '따뜻함을 나누자'와 동일하게 생각하기를 바랬으며, 고객의 욕구를 충족시키면서 매출을 늘린다는 목표도 있었다. 이 외에도 그래버는 사업을 더욱 발전시키면서 사회 봉사 활동을 더 많이 벌이고자 했으며, 가슴에서 우러나오는 열정으로 사회를 위해 도움이 되고자 노력하는 기업으로 인식되기를 원했다. 그래버는 연구, 혁신, 신기술을 통해 환경친화적 제품을 계속 개발하고 있다.

많은 공익마케팅 파트너십이 기업과 비영리단체가 상호 혜택을 목적으로 서로의 필요에 따라 추진된다. 그러나 그래버는 사회적 양심에 따라 기업이 좋은 일을 하기 위한 프로그램을 적극 개발해야 한다고 생각한 경영자에 의해 공익마케팅 활동을 시작했다. 그에 따라 그래버의 '따뜻함을 나누자' 프로그램은 목적의식을 분명히 하고 기업 핵심 이념을 확고히 하는 데 도움이 되었다. 이 외에도 그래버의 사회 봉사 프로그램은 직원의 충성도 증가와 소매상 및 고객과의 강력한 관계 구축에 기여했다는 평가를 받는다.

자연보호연합은 수천 에이커의 수로와 수백만 에이커의 황무지, 수많은 야생 생물을 보호하고 복구했다. 1990년과 2000년 사이에 자연보호연합은 약 320만 달러의 자금으로 의회 로비를 벌여 벌목 제한 조치와 '캘리포니아 헤드워터 포리스트'의 영구적인 보호 결정을 이끌어냈다. 자연보호연합에 참여하는 파트너 기업들은 자연을 보존하고 복구하며 기업의 사회적 책임에 대한 인식 제고를 위해 각종 활동을 벌이고 있다.

한때 그래버는 모기업 경영 방침과의 차이 때문에 큰 어려움에 직면하기도 했다. 존 와그너 어소시에이츠의 관점은 자회사인 그래버와 달랐다. 또한 그래버의 광고 및 홍보 예산 부족도 문제였다. 그러나 그래버는 자연보호연합과의 관계를 영구히 유지할 계획이다. 그래버는 매년 5천 달러에서 1만 2천 달러를 자연보호연합에 내놓는다. 물품과 기타 비용 제공은 별도이다.

'따뜻함을 나누자' 프로그램을 처음 시작하고 추진한 그래버 설립자는 사람들의 인식 변화와 가치의 공유가 프로그램의 성공 여부를 좌우한다고 믿는다. 또한 기업이 뭉치면 강력한 힘을 발휘하며 변화의 원동력이 될 수 있고, '보다 높은' 목적을 세우고 둘 이상이 힘을 합쳐 추진하면 사회의 변화를 이끌어낼 수 있다고 생각한다.

그래버는 모든 판매, 영업, 마케팅 채널을 통해 소비자에게 사회적 메시지를 전달할 계획이며, 이를 통해 브랜드 인지도를 높일 수 있다고 본다. 그래버 경영진은 그래버 제품 이용자가 많은 사람과 함께 따뜻함을 나누고 환경과 인도주의적 활동에 관심을 갖기를 바란다. 그래버는 작은 회사이지만 좋은 일을 통해 사업을 발전시킨다는 야심에 찬 계획을 실천에 옮기고 있다.

오프라인, 또 다른 종류의 도움

건전한 시민으로서의 기업이 되기 위해서는 지속적이고 일상적인 활동이 있어야 한다. 비극적인 순간에 많은 기업이 시험대에 올랐다. 2001년 9월 11일에 테러리스트가 미국 도시를 공격하고 언론에서 시시각각 구조 상황을 보도하는 모습은 흔히 볼 수 있는 일상적인 사태는 아니었다. 사람이 죽고 건물이 파괴되는 상황에서 모든 사람이 충격을 받았다. 테러리스트의 공격은 충격이었고 모든 사람을 분노케 했다. 우리의 삶을 파괴시키는 화재, 홍수, 허리케인, 토네이도는 어쩔 수 없는 것이지만 사회적 책임 의식을 지닌 기업은 이런 비극의 순간에 더 큰 힘을 발휘한다.

컴팩(Compaq)

컴팩은 〈포천〉지가 선정한 '글로벌 100대 기업'이며 세계적인 기술 기업으로, 각종 하드웨어, 소프트웨어, 솔루션, 서비스를 설계하고 개발하고 제조하고 판매한다. 2002년 경영진이 발표한 컴팩 인수 계획을 놓고 휴렛패커드 주주들이 격론을 벌이고 있을 때 컴팩은 그 폭풍의 중심에 놓였다.

일 년 전에도 컴팩은 또 다른 종류의 폭풍을 겪었지만, 그렇게 심각하지는 않았다. 열대성 폭풍 앨리슨이 텍사스 지역을 강타했으며 휴스턴에 치명적인 상처를 주었다. 휴스턴은 컴팩 컴퓨터의 본사가 있는 곳이다.

2001년 6월, 앨리슨은 휴스턴 지역에 5일 동안 36인치의 비를 쏟아부었다. 약 2,744채의 집과 700채의 이동 주택이 파괴되었다. 모두 4만 3천 명 이상이 피해를 입었고, 컴팩 직원 400명도 폭풍의 영향으로 피해를 입었다.

이런 와중에서도 컴팩은 계속 돌아갔다. 세계 각지의 고객이 제품을 주문하고 배달되기를 기다렸다. 회사는 고객과의 약속을 지켜야 했다. 하지만 컴팩은 많은 사람이 피해를 입은 지역 사회의 일원이었다. 그리고 경영진은 휴스턴의 친구와 가족을 위해 도움이 되어야 한다고 생각했다.

컴팩은 다양한 방식으로 대처하기 시작했다. 현금, 기술, 물품 기증, 자원 봉사, 직원 융자 제공, 지역 사회의 컴퓨터 구매 지원 등 모든 방법을 동원하여 피해를 입은 지역 사회의 복구에 나섰다. 부서별로 특성을 살려 다양한 활동을 벌였다. 약 900명의 휴스턴 본사 직원들이 자원 봉사에 나섰고, 미국 전역의 컴팩 직원들은 의류와 물품을 모아 휴스턴으로 보냈다.

컴팩은 피해를 입은 직원뿐만 아니라 지역 사회의 복구 작업도 지원했다. 적십자에 5만 달러를 기부했고, 연방비상관리청(FEMA)에 4만 달러 상당의 기계를 제공했으며, NAM(Northwest Assistance Ministries) 구조 활동에 1만 달러를 지원했다. 또한 ROA(Reach Out America) 재난 구조 활동에 1만 달러 상당의 기계를 보냈으며, 폭풍으로 파괴된 기계 대체를 위해 앨리 시어터와 공연예술협회에 각기 17,500달러와 1만 달러 상당의 기계를 지원했다.

또한 휴스턴 지역 내 초·중등학교, 대학교, 관공서의 홍수 피해를 입은 컴퓨터를 갖고 오면 교체하여 준다는 발표도 했다. 컴팩 컴퓨터뿐만 아니라 홍수 피해를 입은 다른 업체 컴퓨터도 모두 해당된다고 덧붙였다. 이 외에도 직원들의 헌혈을 적극 독려했고, 다양한 구조와 복구 프로그램을 진행하며 적극적인 참여를 유도했다. 컴팩은 공식 발표를 통해 "휴스턴 홍수 사태를 맞아 불행에 처한 이들을 돕고자 하는 컴팩 직원들의 따뜻한 마음이 잘 드러났다"고 강조했다.

직원 개개인 모두 다른 사람을 돕고자 하는 의지가 있었고, 컴팩의 조직적인 지원이 있어 더욱 큰 힘을 발휘했다. 긴급하게 도움이 필요한 사람들을 위해 컴팩은 지역 병원에 발전기 세 대를 전달했고, 본사에 홍수상황실을 설치하여 모금 활동과 각종 지원 업무를 총괄하도록 했다. 또한 피해를 입은 컴팩 직원을 위해 재정 지원, 식량, 가구, 의류, 기타 물품 제공을 중심으로 한 특별 프로그램도 수립했다. 평소에 직원 사이의 팀워크를 강조했던 점이 이런 상황에서 큰 힘을 발휘했던 것으로 평가되었다.

휴스턴 지역의 다른 기업들도 돈과 장비를 기부하고 자원 봉사 활동을 벌였으며 구조 활동을 지원했다. 물론 아무것도 하지 않은 기업도 있었다. 컴팩 사례는 다음 세 가지 이유에서 주목할 가치가 있다.

1. 컴팩은 세계적인 기술 기업이다.
2. 기술 산업 분야 종사자들은 고위경영자에서부터 일반 프로

그래머에 이르기까지 모두 잘난 척하고 사회적 문제에는 관심이 없다고 생각하는 사람들도 있다.
3. 컴퓨터 업계가 대량 실업과 도산으로 큰 타격을 받아 수많은 업계 종사자들이 이미 어려움을 겪고 있을 때 열대성 폭풍과 홍수가 일어났다.

휴스턴 홍수 사태에 대한 컴팩의 신속한 대응은 회사 경영진이 어느 부분에 중점을 두어야 하는지 고민할 필요가 없었음을 의미한다. 건전한 시민의식을 지닌 기업이라는 개념은 유나이티드 웨이와 지속적인 파트너 관계를 맺고 일부 자선 단체에 기부금을 내는 수준 이상이어야 한다는 의미를 컴팩 경영진은 정확히 파악했다. 기업의 사회적 책임은 지역 사회가 어려움을 겪고 있을 때 함께 하는 것이다.

어울리지 않는 조합

공익마케팅 파트너십을 생각할 때 점검해야 할 사항 가운데 하나가 기업과 비영리단체가 서로 어울려야 한다는 점이다. 너무나 당연해 보이는 기본 원칙이지만, 때로는 전혀 어울리지 않을 것 같은 기업과 비영리단체가 파트너 관계를 맺어 추진하는 프로그램에 평균 이상의 관심이 쏠리기도 한다. 의외의 관계는 뉴스로서 가치가 있기 때문이다.

상대방의 입장을 훼손시키지 않으면서 서로가 원하는 부분을 채워주며 함께 일할 수 있는 길을 모색하는 파트너십이 중요하다.

마텔(Mattel)

미국 최대의 장난감 회사이며 바비 인형으로 엄청난 성공을 거둔 마텔은 1999년에 전국적인 연구·교육 단체인 걸즈(Girls Incorporated, 이전의 걸즈 클럽스 오브 아메리카)와 공익마케팅 파트너십을 맺었다. 바비 인형의 이미지는 우아하고 화려함을 바탕으로 하기 때문에 많은 사람이 마텔과 걸즈의 파트너십이 어울리지 않는다고 생각했다. 바비 인형의 화려함은 머리 스타일과 체형에 상관없이 여자도 적극적으로 교육을 받고 이 세계를 더 나은 곳으로 만들기 위해 참여해야 한다고 주장하는 단체와는 전혀 어울리지 않아 보였다. 그러나 마텔과 걸즈가 파트너십을 맺은 목적은 바비 브랜드를 활용하여 여자도 강하고 똑똑하며 대담해야 한다는 메시지를 널리 확산시키고 각종 교육자료를 개발하는 것이었다.

마텔은 여자아이들을 대상으로 하는 진보적인 단체와 관계를 맺어 바비 브랜드 이미지를 새롭게 만들고자 했다. 또한 걸즈의 연구 성과를 토대로 새로운 바비 개념을 개발하여 소비자층을 확대시키고자 했다.

반면 걸즈는 뛰어난 마케팅 능력과 판매망을 갖춘 기업과 파트너 관계를 맺어 매년 1백만 명의 여학생에게 적극적인 여성상을 심어주고 활동 범위를 더 넓히고자 했다. 또한 자체 개발한 교육 자료와 프로그램을 확산시키고 단체를 널리 알려 인지도를 높이고자 했다. 조직 역량을 구축하고 새로운 제품 개발 및 유포 시스템을 갖추어 걸즈의 활동 영역을 확대하기 위한 재정 지원을 확보하고자 했다. 이외에도 목표 시장이 같은 마텔과 연구 역량 및 전문 기술을 공유하여 여자아이들에게 큰 영향력을 행사하고 있던 바비 제품의 디자인과 마케팅에도 영향을 줄 수 있으리라 생각했다.

이렇게 하여 세계 각지의 수백만 여자아이를 대상으로 걸즈의 여성상을 확산시키면서 마텔의 바비 브랜드 이미지를 개선시키기 위한 파트너십이 구성되었다. 마텔은 바비 인형 제품을 판매하고 특별 행사를 벌일 때마다 걸즈의 교육 자료를 배포하며, 걸즈는 여자아이에 대한 연구 자료와 전문 지식을 마텔에 제공해 신제품 개발에 도움을 준다.

과거에 마텔은 매년 독특한 직업을 테마로 한 바비 인형을 선보이면서 자선 프로그램을 추진했다. 그러나 이런 자선 프로그램이 바비 인형 고객 사이에서 사회 봉사 활동에 대한 지속적이고 충분한 이미지를 창출하지 못했다고 마텔은 생각했다. 그 결과 어떤 단체와 장기적인 전략적 파트너십을 구축하고 가시적이며 큰 의미가 있는 사업을 추진해야 한다는 판단이 내려졌다. 또한 마텔은 일차적인 고객층을 더욱 강화시키면서 새로운 고객을 확보하기 위해 여자아이들을 대상으로 하는 단체와 파트너십을 형성해야 한다고 결정했다.

걸즈는 활동 영역을 넓히기 위해 새로운 자금 지원처가 필요하며 전략적 마케팅 그룹을 만들 필요가 있다고 생각했다. 이 때 마텔재단 책임자가 걸즈를 파트너로 추천했고 마텔 홍보 책임자가 1996년에 걸즈를 찾았다. 당시 걸즈는 기업과의 파트너십이 없었지만, 마텔이 가장 적합한 상대라고 생각하지 않았다. 오랫동안 바비 인형이 큰 인기를 누렸지만, 걸즈의 이미지와는 어울리지 않는다는 것이 일반적인 평가였다. 그러나 파트너십을 맺으면 활동 영역을 넓히는 데 도움이 되는 인지도와 영향력을 바비가 갖고 있었다.

걸즈는 마텔 대표자를 걸즈 행사에 초대하여 걸즈의 목적과 이념, 가치관을 소개했다. 이 행사에 참여한 마텔은 걸즈와 함께 일해야 한다는 생각을 더욱 굳혔다. 그렇지만 걸즈와 마찬가지로 마텔 역시 페미니스트 성향의 단체와 파트너십을 맺는 것에 대한 내부 반발을 극복해야 했다. 이렇게 하여 마텔과 걸즈의 파트너십이 조심스럽게 천천히 진행되었다. 내부 합의를 이끌어내는 데 2년이 걸렸고, 마텔 CEO와 걸즈 전국 대표자들이 모여 회의를 하기도 했다. 결국 마텔과 걸즈는 합의에 도달했고 1999년에 3년 기한의 파트너십 계약을 체결했다.

우선 계약서에는 파트너십의 '정신'이 명시되었으며, 마텔과 걸즈의 목표를 비롯해 파트너십의 원칙, 재정 지원, 지적재산권, 마텔과 걸즈의 명칭과 로고 사용, 의사 결정 과정 등 구체적인 조항이 마련되었다.

마텔의 홍보이사가 걸즈와의 연락 창구로 지정되었고, 파트너십 관계의 관리 책임을 맡았다. 마케팅, 연구개발, 홍보 부서 직원과 제품매니저가 필요에 따라 참여하는 구조를 마련했다. CEO를 포함한 마텔 고위경영자도 특별 행사와 홍보 활동에 참여할 수 있도록 했다. 바비 브랜드 기부 예산에서 걸즈 지원 자금을 확보했고, 마케팅, 특별 행사, 제품 관련 홍보에 필요한 비용은 관련 부서 예산에서 지출하기로 했다.

걸즈는 개발이사가 파트너십 관리와 마텔과의 업무 조정을 책임졌다. 회계책임자는 일상적인 업무 관리를 맡았다. 두 사람은 매월 한 번씩 만나 회의를 했고, 특별 행사나 신제품 출시가 있으면 회의를 더 자주 가졌다.

마텔과 걸즈의 공익마케팅 계획에는 제품 홍보, 정보 공유, 사회 봉사 활동, 특별 행사, 특수 제작한 바비/걸즈 제품 포장을 통한 홍보 활동 등이 포함되었다. 바비 프랜차이즈를 최대한 이용하여 이들 제품을 판매하면서, 여자아이들에게 새로운 여성상을 심어준다는 걸즈의 사명에도 충실했다.

우선 '일하는 여성'의 직업별로 바비 인형을 만들고 포장과 광고, 제품에 포함된 CD-ROM을 통해 걸즈를 소개하는 작업부터 시작했다. 걸즈는 연구 성과와 전문 기술을 마텔과 공유하며 바비 인형 디자이너를 대상으로 한 훈련 프로그램과 워크숍을 개최했다. 이런 자리를 통해 오늘날 여자아이들의 취향과 성향을 교육시켰다.

걸즈는 마텔과의 파트너십이 걸즈에 대한 인식을 높여 다른 기업들의 후원도 확보하는 성과를 거두었다고 평가했다. 무엇보다도 전반적으로 걸즈의 재정을 튼튼히 하는 데 도움이 되었다.

마텔은 언론 매체에서 마텔과 걸즈의 파트너십을 우호적으로 다룬 것이 가장 가시적인 성과라고 평가했다. 걸즈와의 파트너십이 여자아이들을 대상으로 하는 이 단체를 지원한다는 홍보 효과를 발휘하면서 마텔의 이미지를 높이는 데도 도움이 되었다고 보았다.

마텔과 걸즈가 공익마케팅 활동을 이기적인 목적에서 추진했던 것일까? 물론 그렇다. 세계 기아 퇴치나 노숙자 또는 불치병 환자를 위해 대안을 마련하거나 재난을 입은 사람들을 돕는 그런 것이 아니었다. 마텔은 여자아이들에게 잠재력을 발휘하라고 가르치고 용기를 주는 단체와의 파트너십을 통해 브랜드 이미지를 높이고 시장 기반을 확대하는 데 목표를 두었다. 바비 인형은 새로운 모습으로 바뀌었고, 마케팅 전략도 효과를 발휘했다. 3년 기한의 계약 기간이 끝났을 때, 계약은 연장되지 않았다. 모든 공익마케팅 파트너십이 영원히 계속될 필요는 없다.

어린이를 위한 공익 사업

모든 산업 분야의 모든 기업이 사회적 책임의식이 있는 기업으로서의 이미지를 구축하는 데 도움이 되는 적합한 공익 사업을 찾아낼 수 있다. 대학교 경영대학원에 의자를 지원하는 식의 비즈니스를 먼저 생각하는 공익 활동이건, 모든 사람이 혜택을 보는 환경 운동에 자금을 지원하는 식의 보다 보편적인 공익 활동이건, 다른 사람에게 도움이 되고자 하는 사람은 누구나 자신에게 맞는 주제를 발견할 수 있다.

AIDS 연구, 총기 규제, 가족 계획 같이 사회적 관심이 큰 주제도 있다. 이들 분야는 많은 사람이 주목하며 찬성과 반대 의사를 표시하기도 한다. 이런 분야를 공익마케팅 대상으로 하면 일부에서는 더욱 강력한 지지를 이끌어낼 수 있지만, 한편으로는 반대와 비웃음을 사기도 한다. 사회적으로 민감한 부분을 선택하려면 위험성과 효과를 치밀하게 검토하고, 투자자와 직원, 기타 이해관계자에게 미치는 영향을 고려하여 결정해야 한다. 회사의 정체성 자체가 영향을 받으며 미래가 달라질 수도 있기 때문이다. 사회적 책임을 다한다는 것은 용감하고 의미 있는 일이지만, 한편으로는 폭발성도 갖고 있다.

그러나 건강 문제는 다양한 계층이 중요하게 생각하는 부분이다. 특히 중병에 시달리는 어린이를 위해 도움이 되고자 한다면 어느 누구도 반대하지 못할 것이며, 소매업체의 공룡 기업도 뚜렷한 차이를 만들어낼 수 있는 주제이다.

월마트(Wal-Mart)

2002년 현재 월마트는 소매업계의 선두주자이자 세계 최대 기업으로 불리고 있다. 이런 세계 최대 기업이 추진하는 공익마케팅 주제가 무엇인지 살펴보는 것도 가치 있을 것이다.

월마트 설립자 샘 월튼은 기업이 지역 사회를 위해 좋은 일을 해야 할 책임이 있다는 경영 철학을 갖고 있다. 월마트는 샘 월튼의 경영 철학을 실천에 옮겼고, 공익마케팅 주제로 어린이와 건강 문제를 정했다.

CMN(Children's Miracle Network)은 어린이 병원 설립과 운영을 위한 기금 확보를 목적으로 하는 세계적인 비영리단체이다. 월마트는 1988년에 파트너십을 맺은 이후로 CMN의 170여 회원 병원을 위해 1억 6천만 달러 이상을 후원했다. CMN 입장에서는 최대 규모의 기업 파트너이다.

월마트와 CMN 모두 지역 사회의 발전을 위한 기금 확보를 목적으로 파트너십을 구성했다.

1982년에 설립된 CMN은 전통적인 자금 확보 방법을 탈피할 필요가 있다고 생각했다. 특히 CMN은 기업과의 파트너십을 통한 자금 확보 방법을 모색했다. 1980년대 초반부터 CMN은 주요 소매업체나 포장재 제조업체와 파트너십을 구축하기 시작했다.

CMN은 샘 월튼의 경영 철학에 주목하고 월마트가 CMN의 파트너가 되기에 가장 적합하다고 보았다. 1987년에 CMN 공동설립자들은 샘 월튼을 만나 파트너십 구축 가능성을 협의했다. 지역 사회 병원 지원은 월마트의 관심을 끌었다. CMN을 후원하면 월마트 매장이 있는 지역 사회에서 고객과의 관계를 확고히 하는 데 도움이 될 것으로 판단되었다. 또한 어린이 건강 문제는 모든 월마트 고객과 협력 업체가 관심을 보일 보편적인 주제라고 생각했다. 이 외에도 월마트 매장이 제공하는 자금 전액을 그 매장이 있는 지역 사회의 병원 지원에 쓴다는 CMN의 운영 방식도 매력적이었다. 월마트는 CMN의 제안을 받아들여 후원업체가 되었다.

월마트와 CMN은 자금 지원, 지원 기간, 기타 법적 문제 등을 구체적으로 합의했지만, 공식 계약서를 체결하지는 않았다. CMN은 지역 사회 참여를 중요하게 생각하는 샘 월튼의 기업 문화는, 다른 CMN 후원업체와는 다른 관계를 만들 수 있다고 생각했다. CMN은 어린이 건강 문제에 대한 월마트의 관심이 지대하며 공식 계약을 맺어 어떤 제한을 둘 필요가 없다고 보았다.

정식 계약서를 만들지 않은 것이 특이하기는 했지만, 더 나은 사회를 만들기 위해 함께 일하는 기업과 비영리단체 모두 사회적 책임의식과 윤리성을 갖추어야 하는 것은 공익마케팅의 기본 전제이기도 하다. 월마트재단은 커뮤니티 프로젝트 매니저와 직원 한 명을 정해 CMN 후원 업무를 맡게 했다. 다른 부서들은 필요에 따라 참여하기로 했다. 월마트재단은 전체 운영 비용을 책임졌다. 마케팅 담당 부서는 광고 비용을 지원하고, 월마트 부회장은 CMN 이사진에 참여했다.

이 프로그램은 기본적으로 지역별로 운영되었다. 월마트 매장은 같은 지역에 있는 병원을 후원했다. 월마트 직원들은 각종 프로그램에 자원봉사자로 참여하기도 했다.

솔트레이크시티 CMN 본부에 있는 한 사람이 전체 파트너십을 관리하며 다른 직원들은 필요에 따라 참여했다. 각 CMN 회원 병원은 모금 및 마케팅 전문가를 두어 월마트와의 업무를 담당했다. 이 사람은 병원과 월마트 매장 사이의 관계와 각종 활동을 직접 관리했다.

월마트와 파트너십 관계를 맺을 때만 해도 CMN은 전국적으로 알려진 단체가 아니었다. 월마트와 CMN 모두 인지도 제고를 위해 시간과 자원을 투자해야 했다. 월마트가 CMN 후원업체 가운데 가장 큰 지원을 맡고 있으며 다음으로 많은 자금을 지원하는 업체에 비해 약 여섯 배나 더 많은 자금을 제공했기 때문에, CMN은 다른 후원업체의 위상도 고려하면서 월마트를 적절하게 인정하고 존중해줄 수 있는 새로운 방법을 찾아야 했다.

월마트재단은 프로그램 운영비로 매년 10만 달러를 CMN 본부에 기부했다. 또한 월마트는 CMN을 공식후원업체 가운데 하나로 지정되었지만, 지원 규모에 대한 하한선이나 상한선을 정해두지는 않았다. 1999년에 월마트는 총 2,900만 달러를 모아 CMN에 기부했다.

월마트와 CMN은 어린이의 건강 증진을 공통 목표로 정했다. 월마트는 지역 사회를 위해 실질적인 기여를 하며, 동시에 고객과 협력업체들이 뜻 있는 일에 직접 참여할 수 있는 프로그램을 개발하고자 했다.

CMN의 목적은 고통에 시달리는 어린이를 돕는다는 사명을 실천하기 위해 후원업체를 확보하고자 했으며, 후원업체와의 파트너십이 어린이를 이용하거나 어린이에게 부정적인 영향을 주는 제품을 홍보하는 도구로 이용되지 않기를 원했다. 또한 더 많은 자금을 확보하기 위해 CMN 병원 네트워크에 대한 인식을 확산시키고자 했다.

월마트는 총 1억 6천만 달러를 모아 CMN을 지원했다. 월마트와 CMN 모두 파트너십이 큰 성과를 가져왔다고 믿는다. 매년 이 프로그램을 통해 많은 병원이 30만 달러에서 40만 달러를 지원 받았고, 일부 병원은 50만 달러 이상을 매년 받았다. 월마트 매장의 지원으로 최신 기기를 구입하고 새로운 건강 관리 프로그램과 서비스를 개발했다.

월마트는 CMN과의 관계가 많은 지역 사회에서 월마트에 대한 인식을 새롭게 하는 효과를 가져왔다고 믿는다. 또한 파트너십을 통해 직원의 사기도 높아졌다고 보고 있다. '1999년 콘/로퍼 공익연계 동향 보고서(1999 Cone/Roper Cause Related Trends Report)'는 조사 대상 응답자 가운데 "건전한 시민의식을 지닌 기업"으로 가장 많이 언급되는 회사가 바로 월마트라고 적었다.

지역 사회를 위해 무엇인가를 돌려주어야 한다는 월마트의 경영 철학이 어린이 건강을 주제로 한 공익 사업에서 분명하게 실천되었다.

그러나 2001년에 BSR이 월마트에 연락했을 때는 CMN과의 파트너십이 끝났으며 공익마케팅 활동을 더 이상 하지 않는다고 대답했다. 4년에 걸친 활동이 갑자기 중단된 것이다. 월마트는 경영 방침을 다시 생각하고 있는 것처럼 보인다. 큰 성과를 거둔 프로그램 역시 변화의 물결을 타고 있었다.

기타 공익마케팅 사례

공익마케팅을 실제로 누가 '발명'했고 어느 쪽이 가장 효과적으로 활용했는지에 대해 말이 많지만, 공익마케팅을 통해 모든 산업 분야의 모든 기업이 혜택을 볼 수 있다. 물론 주주의 돈을 자선 단체에 기부하는 행동은 자본주의 원칙에 맞지 않는다고 주장하는 사람도 있으며, 이 문제는 따로 다루어도 책 한 권을 써야 할 것이다. 어쨌든 지역 사회를 위해 뜻 있는 일을 하는 기업은 지역 사회로부터 인정과 존중, 지지를 얻는다. 회사 자체를 위해서도 좋은 일이며, 사회를 위해서도 좋다.

아래에 간단하게 설명한 또 다른 공익마케팅 사례를 통해, 공익마케팅의 의미와 성과를 다시 한 번 확인할 수 있다.

● 월트디즈니와 동물학대방지협회(American Society for the Prevention of Cruelty to Animals, ASPCA)는 ASPCA에 수백만 달러 상당의 자금을 지원하는 100개 이상의 머천다이징 계약을 체결했다. ASPCA는 동물 보호에 자금을 지원할 수 있게 되었고, 디즈니는 주요 목표 시장인 가족들이 중요하게 생각하는 공익 사업을 지원하여 이미지 제고 효과를 기대한다.

● MCI는 기술 기업에 대한 적대감을 약화시키고 자연 애호가의 마음을 사로잡기 위해 수익금의 1퍼센트를 '네이처 컨저번시(Nature Conservancy)'나 '오더번 소사이어티

(Audubon Society)'에 기부한다.

● 마이크로소프트와 AARP는 노인 컴퓨터 교육 프로그램인 '라이프타임 커넥션(Lifetime Connection)'을 함께 운영한다. 연구 조사에 따르면 노인층은 기술 이용도가 가장 낮다. 여러 개의 재난을 운영하고 있는 마이크로소프트는 도서관에 첨단 기계와 전문 기술을 제공하여 온라인 도서관 구축을 지원하는 등 많은 공익 사업에 자금을 지원하고 있다. 마이크로소프트는 AARP가 확보하고 있는 다양한 회원을 통해 이미지를 개선하려 한다.

● 컨트리 가수 페이스 힐은 '페이스 힐 리터러시 프로젝트(Faith Hill Literacy Project)'를 세웠으며, 그녀의 콘서트에 참석한 팬들은 책 한 권씩 기증한다. 지금까지 1백만 권이 넘는 책을 모았으며, '세븐일레븐'의 모회사인 사우스랜드 스토어즈의 기부를 받아 교육 사업을 추진하고 있다. 교육을 주제로 한 이 공익 사업은 충분한 의미가 있으며, 자신을 사랑하는 사람들을 돕고자 하는 페이스 힐의 이미지도 더욱 높아졌다.

● 에트나 보험과 U. S. 헬스케어는 여성을 대상으로 한 심장병과 심장마비 교육을 위해 7백만 달러를 기부했다. 보험회사는 일반적으로 사람들이 가장 싫어하고 불신하는 업종이다. 이런 종류의 공익 활동은 보험회사가 사람보다 이익만 생각한다는 비난을 누그러뜨리는 데 도움이 된다.

● HBO의 신규 가입자 확보를 위한 광고는 자연보호 운동가

제인 굿달을 등장시킨 점에서 일반적으로 유명 연예인을 등장시키는 광고와는 차별성을 보였다. 광고비는 모두 '제인 굿달 연구소'에 지급되어 운영 경비로 사용되었다.

● 패스트푸드 체인점 웬디스의 설립자인 고(故) 데이브 토마스는 '데이브 토마스 입양재단'을 설립했다. 〈뉴욕타임스〉에 따르면 웬디스는 "아이를 입양한 직원에게 획기적인 복지 혜택을 주는 제도를 만들었다. 매년 11월이면 각종 포스터와 홍보물을 통해 입양의 필요성을 널리 알린다."

● 아메리칸 익스프레스는 다양한 공익마케팅을 추진한다. 샌프란시스코 아트 페스티벌 후원업체로서, 아메리칸 익스프레스 카드로 물건을 구매할 때마다 2센트를 이 페스티벌에 지원한다. 이 사업에서 성공을 거둔 아메리칸 익스프레스는 공익마케팅 프로그램을 더 확대시켜, 아메리칸 익스프레스 카드로 물건을 사면 '자유의 여신상/엘리스 아일랜드 재단'에 기부금을 내기로 했다. 총 170만 달러를 이 재단에 기부했다. 하지만 홍보 활동에만 6백만 달러를 지출한 것으로 밝혀졌다. 뜻 있는 일을 하기는 했지만, 차라리 6백만 달러를 재단에 기부하고 홍보비는 170만 달러만 지출하는 편이 더 나았을 것이라고 주장하는 사람도 많다. 의견이 분분하지만 이 회사의 각종 공익마케팅 프로그램을 통해 많은 사람이 혜택을 보았다. 공익마케팅 계획을 세울 때 회사의 홍보보다는 진정한 의미의 공익 활동이 앞서야 한다.

바디숍은 공익마케팅을 통해 세계적인 건강 관리 용품 업체로 자리잡았다. 광고 예산이 전혀 없고 마케팅 활동 역시 동물을 이용한 제품 실험 반대와 안전한 환경을 만드는 데 동의하는 사람들만을 대상으로 하면서, 프랜차이즈 확보와 제품 개발 측면에서 급성장을 거두었다. (사진 : 카린 고트샬크 마코니)

● 톰즈 오브 메인(Tom's of Maine)은 일반 치약 회사와는 다른 특별한 회사로 알려져 있다. 이 회사는 세전 수익금의 10퍼센트를 환경, 인권, 예술, 교육 사업 단체에 지원한다. 특히 50만 달러를 '네이처 컨저번시'에 기부하여 미시시피 동쪽 어퍼 세인트존 리버를 따라 18만 5천 에이커의 땅을 매입하여 보존하는 데 기여했다. 1989년에 직원과 공동으로 작성한 이 회사의 임무는 "이익을 추구하면서 한편으로는 사회의 발전에 기여할 수 있는 일을 적극 추진"하는 것이다.

● 바디숍은 "50여 국가에서 1,900개 이상의 매장을 운영하는

고품질 스킨 및 바디케어 제품 전문업체"이다. 1999년에 소비자연합은 영국에서 가장 신뢰받는 브랜드로 바디숍을 선정했고, 1998년에 〈파이낸셜 타임스*Financial Times*〉에 발표된 세계 각지의 최고 경영자를 대상으로 한 조사에서 가장 존경받는 기업 27위에 오르기도 했다. 바디숍재단의 목적은 "인권과 환경 보호, 동물 보호를 위해 활동하지만 기존의 방식으로는 자금을 확보하기가 어려운 일선 단체의 재정 지원"이다. 광고를 전혀 하지 않고 직접 소비자를 상대로 홍보 활동을 벌이며 사회적 책임을 다하기 위해 기꺼이 영업을 중단하기도 하는 바디숍을 비판하는 사람도 있지만, 세계 각지의 열성적인 고객이 지지를 보내고 있다.

● 벤앤제리(Ben & Jerry's)는 아이스크림 제조 판매 업체이지만, 아이스크림 만화를 통해 사회적 이슈와 환경 문제를 주제로 한 공익 활동을 벌여 전국적인 관심의 대상이 되었다. 비싼 아이스크림 제품은 각종 사회 문제 해결을 위한 모금 활동의 수단에 불과한 것처럼 보인다. B&J 재단의 목적은 "B&J 직원들이 활용 가능한 모든 자원을 통해 환경과 사회 문제 해결에 앞장서는 단체들을 지원하고 힘을 보태 이 세계를 더 나은 곳으로 만든다"이다.

마케팅은 회사, 제품, 브랜드, 서비스, 사회적 이슈, 공익 사업의 위상을 확립하고 널리 알리는 것이다. 그러기 위해서는 다

B&J는 맛있는 프리미엄 아이스크림으로 유명하지만, 환경 운동을 지원하고 사회적 책임을 다하는 기업으로 더 알려져 있다. 현재 글로벌 기업이 소유하고 있지만, B&J는 이 세계를 더 나은 곳으로 만든다는 최초의 사명을 지키고 있다. (사진 : 카린 고트샬크 마코니)

양한 전략과 기법을 활용하여 지역 사회를 위해 의미 있는 일을 함으로써 시장점유율과 고객 충성도를 높이며 지지층을 확산시켜야 한다. 다시 말해 일반적인 틀을 깨고 나와 차별성을 만들어야 한다.

시장은 항상 혁신과 창조의 현장이며, 그 결과 이 세계는 더 나은 곳이 될 것이다.

| 제6장의 요약 |

▣ 과거에는 의도가 무엇이건 좋은 일만 하면 인정을 받을 수 있었지만, 오늘날의 소비자는 사태를 꿰뚫어 보는 눈을 갖고 있다.

▣ 공익마케팅을 추진할 때 어떤 의도를 숨기면서 좋은 모습을 보이려 한다면 언제라도 역풍을 맞을 수 있는 위험성이 있다.

▣ 기업의 이익만을 생각하는 이기적인 모습으로 비쳐지지 않는 방법은 혜택을 본 사람들이 직접 나서 칭찬과 감사의 말을 하는 것이다. 아니면 다른 사람이 한 공로를 가로채거나 거짓 겸손을 모두 버리고, 솔직하고 직접적으로 그 동안의 성과를 알리는 방법도 있다.

▣ 공익마케팅 프로그램에 대한 일반인의 인식을 높이는 것이 중요하다. 익명의 후원자도 좋지만 마케팅 차원에서는 전혀 효과가 없다.

▣ 특별 행사(기념일, 개장일, 설립자 생일)를 통해 공익마케팅 프로그램의 시작을 발표하는 것이 가장 좋다.

▣ 공익마케팅 프로그램이 목표를 달성하면, 그 사실을 집중적으로 홍보한다. 목표를 초과 달성하면 더욱 강조하여 홍보한다.

▣ 회사의 이미지와 관계없어 보이는, 사회적으로 민감하고 독특한 공익 사업을 추진하는 것도 큰 인상을 심어줄 수 있다.

▣ 공익마케팅을 그 공익 사업 지지자를 중심으로 새로운 고객을 확보하는 좋은 기회로 활용한다.

▣ 파트너십을 맺은 기업과 비영리단체는 물론이고 자회사나 협력 회사, 관련 단체도 참여할 수 있는 방법을 다양하게 강구한다.

▣ 인터넷 같은 새로운 공간과 새로운 파트너를 추가하여 프로그램을 계속 발전시켜 나간다.

제7장

공익마케팅 핵심 요약

새로운 기회를 창출한다

기업, 단체, 비영리단체의 공익마케팅 프로그램 추진 결정은 미래의 이미지와 방향을 재규정하는 아주 중요한 순간이 될 수 있다. 진정한 공익마케팅은 단순히 기부금을 내고 이름을 빌려 주고 모금 활동을 후원하는 이상의 의미가 있다. 그것은 공익마케팅 프로그램 참여자 모두의 운명이 걸린 중대한 일이 될 수 있다. 자선단체 책임자가 정직하지 못한 사람으로 밝혀지면, 그 단체와 함께 공익 사업을 추진했던 기업 역시 의혹의 대상이 된다. 반대로 기업이 신문 1면을 장식하는 스캔들에 연루되면, 공익 사업의 이미지 자체가 훼손되며 함께 사업을 추진했던 단체는 큰 상처를 입는다. 따라서 공익마케팅은 긍정적인 결과를 낳고, 다른 사람에게 도움이 되며, 인식이 높아지고, 사람들이 기억하고 정당하게 인정되어야 한다.

공익마케팅은 기본적으로 좋은 일이며 가능하다는 믿음을 전제로 출발해야 한다. 믿음이 확실하면, 다음에는 목표 달성을 위해 열심히 노력한다. 중소기업이 지역 사회의 학교 운동부나 음악회를 후원하건, 대기업이 교육 캠페인이나 장학 프로그램, AIDS나 유방암 연구 자금 지원, 세계 기아 퇴치나 환경 보호 프로그램을 추진하건, 사회적 양심과 책임 의식을 지닌 기업의 도움을 바라는 곳이 많다. 하늘은 스스로 돕는 자를 돕는다는 말이 있지만, 다른 사람을 돕고자 하는 기업을 사람들은 지지하고 존경하며 힘을 보탠다.

공익마케팅은 사회적 책임, 비즈니스 윤리, 지역 사회 봉사, 좋은 일을 함으로써 발전할 수 있다는 믿음에 뿌리를 두고 있다. 공익마케팅의 규칙과 방법, 그에 따른 보상을 간단하게 정리해 보겠다. 심호흡을 하고 밑에 정리된 내용을 잘 읽어보기 바란다.

- '아무 것도 주지 않는' 기업보다 사회적 책임을 다한다고 생각되는 기업은 일반 대중과 소비자, 그 회사 직원들의 존경을 받는 것으로 조사 결과 밝혀졌다. 그러므로 어떤 선택의 기회가 주어지면 사람들은 사회적 책임을 다하는 기업의 물건을 사거나 투자한다. 공익마케팅의 힘이 발휘되는 것이다.

- 자신의 공익 사업을 믿는 것이 중요하다. 많은 기업이 공익 사업을 추진하지만, 냉소주의가 팽배한 사회 분위기 때문에 그 동기를 의심하는 사람이 많다. 진정으로 다른 사

람을 위해 힘이 되고자 하기보다, 기업의 이익을 앞세운 이기적인 이유에서 그렇게 한다고 생각하는 것이다. 공익 마케팅을 통해 최대의 성과를 거두기 위해서는 자신이 선택한 공익 사업의 가치를 굳게 믿고, 단순한 홍보 차원에서가 아니라 진심으로 관심을 갖고 참여해야 한다. 여러분의 공익 사업을 일반 대중이 믿는다면 기대 수준 역시 높아진다.

● 기업의 사회적 책임, 비즈니스 윤리, 가치, 비전, 공공의 이익은 공익마케팅 활동의 토대이다.

● 기업 자체의 철학과 정체성을 분석한다. 기업 자신, 추진하고자 하는 공익 사업, 그와 관련된 여러 비영리단체, 경쟁업체 상황, 경쟁업체가 추진하는 공익 사업, 일반인의 인식 등 가능한 모든 것을 파악해야 한다. 지식이 힘이다. 많은 것을 조사해야 한다.

● 계획을 수립한다. 공익마케팅 프로그램 역시 마케팅 프로그램이며, 마케팅 프로그램에는 상황 분석, 목표, 전략과 전술, 일정, 예산 등을 포함한 잘 짜여진 계획이 필요하다.

● 목표를 분명히 한다. 자선 활동, 기부금, 기증, 자금 지원, 후원 등은 모두 같은 것이다. 단지 금액 규모가 다를 뿐이다. 공익마케팅은 어떤 공익 사업을 지원하고 투자하여 그에 대한 인정을 받거나 다른 형태의 투자 수익을 얻는 일련의 과정이다.

● 모든 공익 광고는 특정 사안을 주제로 하고 이를 지지하는

개인, 기업, 단체가 비용을 지불한다는 점에서 일종의 공익마케팅이다. 이 경우에도 한 번의 광고로는 뚜렷한 투자 성과를 얻지 못한다는 사실을 생각해야 한다. 공익 광고의 효과를 극대화하려면 마케팅 기법을 동원해야 한다.

● 공익 사업과 관련한 법규를 구체적으로 알아야 한다. 지역 또는 국가별 차이점도 생각해야 한다.

● 파트너를 신중하게 선택한다. 공익마케팅 프로그램을 함께 추진하는 기업이나 비영리단체는 각자의 목표를 추구하면서도 상호 존중의 자세로 상대방의 목적과 합의 사항을 정확히 이해하고 서로 도움이 되어야 한다.

● 공익마케팅 파트너는 상대방이 원하는 것과 역량, 자원, 문화를 이해해야 한다. 오해는 불신보다 더 큰 문제를 일으킬 수 있다.

● 파트너 사이에 체결되는 계약서에는 서로에 대한 기대와 책임, 권리, 소유권, 의무 사항이 명확하게 제시되어 있어야 한다. BSR(Business for Social Responsibility)은 모든 것을 문서로 남기라고 권한다. 그런 명문화된 계약서를 만들지 않고도 큰 성과를 거둔 공익마케팅 파트너십이 있기는 하지만, 쌍방의 책임 영역과 재정에 관한 오해가 발생하는 경우에는 아주 위험하며 큰 문제가 될 수 있다. 서로에 대한 이해와 믿음을 위해서라도 명문화된 계약서를 만드는 것이 좋다. 사람은 여러 가지 이유에서 바뀔 수 있지만, 서로의 책임을 분명하게 규정한 문서는 공익마케팅 프로그

램을 추진하는 기간 내내 그대로 남는다.

● 딱딱한 법률 용어를 써가며 아주 길고 너무 구체적으로 쓴 계약서도 있다. 하지만 이런 계약서는 그것을 직접 작성한 변호사를 제외하면 아무도 이해하지 못한다. 너무 길고 세세하게 만들어 아무도 읽을 수 없는 딱딱한 계약서보다 명확하고 간단하며 압축적인 것이 더 좋다. 이해하기 힘든 문구 때문에 오해가 발생하여 나중에 상대방을 비난하고 법정까지 가는 수도 있다. 쉽게 이해할 수 있으면 간단한 합의서 같은 것이 더 좋을 수도 있다.

● 공익마케팅의 취지가 특정 목표 계층에 호소력을 발휘해야 하며, 동시에 다른 계층을 배제시키지 말아야 한다. 공익마케팅 추진 주체인 기업과 비영리단체, 그리고 일반인이 어떤 혜택을 받는지 명확하게 설명하여 모든 사람이 그 취지를 이해하고 수긍하도록 해야 한다.

● 공익마케팅 파트너는 서로의 목적과 목표를 이해하고 함께 추구해야 한다. 서로에 대한 감정이 좋지 않은 파트너가 힘을 모아 어떤 일을 함께 추진할 수는 없다.

● 공익마케팅을 함께 추진하면서 상황에 따라 융통성을 발휘할 수 있지만, 누가, 무엇을, 언제, 어떻게 하는지 명확히 정해 두어야 한다.

● 내부의 지원을 토대로 공익마케팅 프로그램을 시작한다. 첫째, 개개인의 신념과 의지를 통한 지원이 있다. 둘째, 회사 또는 단체 내부의 조직적 지원이 있다. 직원들의 적극

wear jeans for life

a life free of breast cancer

리는 '리 내셔널 데님 데이(Lee National Denim Day)'를 통해 일반인의 관심을 끌면서 5달러씩 기부금을 받아 전액을 '수잔 G. 코멘 유방암재단'에 보내 유방암 연구를 지원한다. 여배우 루시 리우가 등장한 이 광고는 사람들의 관심을 끌고 유방암에 대한 경각심을 일깨우는 데 도움이 되었다. 리는 유방암 연구 지원을 공익 사업으로 선택함으로써 남성 지향적 브랜드 이미지를 불식시켰다. 공익 활동을 통해 제품 이미지를 바꾼 성공적인 공익마케팅 사례라 할 수 있다. (Copyright 2001 Lee Apparel)

적인 참여를 독려하고 충분한 정보를 제공하여, 공익마케팅 프로그램을 무조건 지지하도록 만든다. 그렇지 않으면 모래 위에 집을 짓는 것과 같다.

- 공익마케팅 프로그램의 독창성과 모든 이해관계자에게 돌아가는 혜택을 명확히 규정한다.

- 회사의 명성과 미래에 미칠 위험성도 분명하게 인식하고 있어야 한다.

- 최소한의 보장 사항을 규정해야 한다. 프로그램이 제대로 효과를 발휘하지 못할 때를 대비한 조항과 기대 이상의 성과를 거두어 계약 기간을 연장하고자 할 때의 방법과 절차가 명시되어 있어야 한다.

- 모든 자원봉사자를 존중하고 예의를 갖추어 대우한다. 자원봉사자의 기여는 아주 소중하다. 자원봉사자를 같은 편으로 만들고 끊임없이 지지를 보내도록 한다.

- 인쇄 매체, 텔레비전, 라디오, DM, 광고판, 포스터, 인터넷 등 모든 매체를 적극 활용하여 홍보한다. 하지만 전문성을 발휘해야 한다. 모든 매체가 동일 목표 계층에 영향을 줄 수도 있지만, 매체별로 비용, 위험성, 활용성, 기준 등이 다르다.

- 위기 관리는 마케팅의 일부이다. 모든 공익 활동에는 지지자가 있듯이, 반대로 그 활동에 동의하지 않는 반대자도 있다. 비판자, 반대자, 이익단체, 잠재적인 위험성 등을 충분히 예상하고 있어야 한다. 이 외에도 최악의 상황이 발

생했을 때를 대비한 방안도 갖추고 있어야 한다.

● 언론이나 시장으로부터 반드시 공정성이나 객관성을 기대할 수는 없다. 나름대로 지향하는 바가 다르며 수많은 요소가 영향을 미치기 때문이다. 스스로 조심스럽게 대처해야 한다.

● 위기의 순간을 대비하여 호의적인 이미지를 쌓아두어야 한다. 성과를 지속적으로 홍보하며, 일반 대중이 여러분 회사에 대해 듣고 보고 읽는 첫 번째 뉴스가 나쁜 것이 아니도록 해야 한다.

● 솔직하고 자신감을 가져야 하며, 좋지 않은 일이 발생하면 먼저 사태의 전말을 말한다. 상황을 규정하고 통제하는 데 도움이 되며, 수세에 몰려 변명하는 인상을 주지 않을 수 있다.

● 문제가 발생했을 때 책임지는 자세를 보인다면, 사람들은 실수를 하더라도 용서한다. 정직한 자세를 보여 주며, 필요에 따라 상황을 솔직하게 설명한다.

● 위기 상황이 발생하면 현재의 문제 자체에 집중하지 말고 배경 상황을 설명하도록 한다. 현재 발생한 문제가 전부가 아니며, 공익마케팅을 함께 추진하는 회사나 단체가 지금까지 추진한 공익 활동이 수많은 성과를 거두었으며, 그런 상황에서 아주 작은 사소한 문제가 일부 발생했다는 점을 강조한다. 믿음이 가도록 솔직하게 말해야 한다. 합리적으로 이해될 수 있는 수준을 넘어 사실을 과장하고 부풀리는

회사도 있다.

- 공익 사업을 무조건 계속 추진하거나 지원하는 자세를 버려야 한다. 사람들을 언제나 자신의 편으로 만들기 위해서는 타당한 이유가 있어야 한다.

- 위기는 기회다. 위기 상황이 발생하면 회사, 단체, 공익 사업을 보다 긍정적인 모습으로 다시 태어나게 할 수 있는 방법을 모색한다. 가장 심한 비난을 하는 사람이라도 지금까지 좋은 일을 많이 했다는 사실을 인정하게 할 수 있다.

- 긍정적인 상황과 부정적인 상황 모두에 대해 과잉 반응을 피해야 한다.

- 도움을 구한다. 경험이 풍부한 전문가는 마케팅, 홍보, 위기 관리 측면에서 도움을 줄 수 있다. 어려운 시기에는 능력이 뛰어나고 객관성을 지닌 전문가를 통해 해결하도록 한다.

- 너무 자화자찬을 하지 말도록 한다. 좋은 일을 한 부분에 대해 인정과 칭찬을 받는 것은 좋지만, 겸손한 자세를 보여야 한다. 사람들은 사회를 위해 뜻 있는 일을 한 회사를 좋게 생각하면서도, 한편으로는 너무 자화자찬을 늘어놓는 경우에는 좋지 않게 바라본다.

- 사회적 책임을 다하는 기업으로서의 이미지에 적합한 주제를 선정한다.

- 숨기는 것이 없어야 한다. 숨겨진 의도가 발각되면 신뢰를 잃게 되며, 의혹의 눈길이 쏟아질 수 있다.

- 가만히 있다가 깜짝 놀랄 만한 발표를 하기보다는 홍보 활동을 지속적으로 이어간다. 사람들은 친숙한 것을 좋아하므로, 항상 사람들 앞에 나서도록 하여 인식과 인지도, 지지도를 높인다.

- 특별 행사는 언론의 주목을 받을 수 있는 좋은 기회이다. 일반 대중과 함께 공유할 수 있는 자리를 마련한다. 25년의 역사를 자랑하거나 새로운 경영진을 소개하거나 몇 세대에 걸친 가족 경영을 알리는 것도 사람들의 관심을 끌기에 좋은 소재이다. 사람들은 친숙한 일이나 사람에 대해 더 많이 알고 싶어한다. 그런 기업이 지원한 공익 사업은 사람들의 관심을 이끌어낼 수 있다.

- 공익마케팅 파트너십을 맺은 기업과 비영리단체 모두 혜택을 보아야 하며, 공익 사업 자체도 발전해야 한다. 궁극적으로는 공익마케팅의 대상이 되는 사람이 혜택을 보고 사회 문제 해결에 도움이 되어야 한다. 이론적으로 모든 사람이 혜택을 보아야 하지만, 실제로는 예상치 못한 장애물을 만날 수 있다. 치밀한 계획, 명문화된 계약서, 명확한 이해, 열정적인 실행이 위기의 가능성을 최소화시킨다.

공익마케팅을 쉽게 생각할 수 있다. 하지만 절대 그렇지 않다. 그것은 항상 논쟁의 중심에 자리한다. 국회의원 후보, 야구팀, 헤어스타일, 가수를 놓고 가족 사이에 논쟁이 벌어지듯이, 사회적 이슈나 공익 활동의 경우에도 지지하는 사람과 반대하는 사람이 있다. 당연한 것이다. 일반 대중의 지지를 확보해야 하는 마케터로서는 쉽지 않은 일이지만 말이다.

비즈니스 수행에 필요한 경비는 계속 늘어나고, 경쟁은 더욱 치열해지고 있다. 사람들이 기억하고 선택하는 기업이나 브랜드로 자리잡기가 더욱 어려워지고 있다. 공익마케팅은 특정 사안에 대해 우호적인 생각을 갖고 있는 사람들의 지지와 인정을 받을 수 있는 기회를 제공한다. 동시에 공익마케팅을 통해 시장 점유율을 높일 수 있다. 또한 도움이 필요한 사람에게 힘이 되고 이 세상을 더 살기 좋은 곳으로 만드는 데 기여할 수 있다.

인류 역사를 살펴보면, 자연재해나 참사는 사람들을 하나로 뭉치게 하는 촉매제 같은 역할을 했다. 언제 어디서나 어려운 사람에게 기꺼이 도움을 주고 자기 것을 내놓는 사람들이 있다. 그들은 자신의 이익보다 사회적 책임과 인도주의를 먼저 생각한다. 기업도 사회적 책임을 다하기 위해 나서야 한다. 그러면 언론과 지역 사회와 사람들이 보고 듣고 기억할 것이다. 단기 비용을 생각하지 않고 좋은 일에 나서면 그만한 대가를 얻는다.

사회를 위해 기여한다고 자랑하고 광고하기에 좋은 비극적 사태가 발생할 때까지 기다려서는 안 된다. 마케팅은 주어진 기회를 활용하기도 하지만, 새로운 기회를 만들어내는 것이다. 기회는 항상 있다. 지금 당장 시작하자.

BSR(Business for Social Responsibility)

BSR은 회원사들이 윤리적 가치, 사람, 지역 사회, 환경을 존중하면서 사업적 성공을 달성할 수 있도록 돕는 글로벌 비영리 단체이다. 보다 살기 좋고 지속 가능한 세계를 만드는 데 도움이 되는 비즈니스 전략을 개발하고 확산시키기 위해 활동하는 BSR은 기업의 사회적 책임이 비즈니스 전략과 운영의 핵심 부분으로 자리잡도록 하기 위해 각종 정보와 자문을 제공한다. 또한 BSR은 기업의 사회적 책임을 확산시키기 위해 민간, 공공, 개인 차원의 협력을 지원한다. BSR 회원사의 매출액을 모두 합하면 연간 2조 달러에 이르며, 종업원 수도 6백만 명이 넘는다. BSR에 대한 자세한 정보는 공식 웹사이트(www.bsr.org)에서 찾아볼 수 있다.

평생 피땀 흘려 모은 재산을 대학에 장학금으로 내놓는 이들의 이야기가 가끔 뉴스에 소개되면서 그렇지 못한 사람들이 자신의 생활 자세를 다시 돌아보게 만들기도 한다. 생업을 제쳐두고 수해 현장으로 달려가 작으나마 힘을 보태는 사람들을 보면 부끄럽게 생각되기도 한다. 텔레비전과 신문 구석구석을 뒤져보면 우리가 살고 있는 이 세상을 조금이나마 더 좋은 곳으로 만들기 위해 돈과 시간과 지식을 내놓는 사람들의 이야기를 많이 보고, 들을 수 있다.

하지만 한편에서는 우회 증여 수단으로 공익 재단을 세우는 기업들의 이야기도 있다. 육영 사업이나 문화 사업을 하겠다고 세운 재단이 실제로는 기업주 일가의 재산 은닉 수단에 불과하다는 부정적인 인식도 널리 퍼져 있다.

1997년의 경제 위기를 겪으면서 많은 것이 달라졌다고 한다. 기업과 경제를 바라보는 인식이 예전과는 판이하게 변했다. 기업의 투명성과 지배 구조가 많이 개선되었다는 말도 있다. 하지만 빈부 격차가 더 심해졌다고도 한다. 일본의 경제지 〈닛케이 비즈니스〉는 한국에서 '안정'이라는 두 글자가 사라지고 국토 전체에 경쟁의 광시곡이 울려 퍼지고 있다고 묘사하기까지 했다. 모든 사람이 치열한 경쟁으로 내몰려 스트레스에 시달리고 있다는 것이다.

이런 상황일수록 함께 사는 사회를 위해 도움이 되는 일을 하는 기업이 더욱 필요할 것이다. 즉흥적이고 일회적인 기부나 홍보 수단으로서의 공익 사업이 아니라, 사람들의 부정적 인식만 강화시키는 거창하지만 알맹이가 없는 그런 공익 사업이 아니라, 사회의 발전에 도움이 되는 체계적이고 지속 가능한 공익 마케팅이 필요한 때이다. 특히 기업에 대한 일반인의 인식이 좋지 않은 우리 현실에서는 더욱 그렇다.

그런 면에서 이 책은 좋은 일을 하면서 기업도 발전하는 마케팅의 새로운 길을 제시한다. 좋은 기업, 사회적 책임을 다하는 기업, 도덕적인 기업, 일하고 싶은 기업, 양심적인 기업. 모든 사람이 이런 기업을 원할 것이다. 이런 곳이라면 열정을 다해 일하고 싶을 것이다.

김세중